채용 인사이트

채용 인사이트

초판 1쇄 인쇄 2025년 11월 12일
초판 1쇄 발행 2025년 11월 19일

지은이 정준호

발행인 장상진
발행처 (주)경향비피
등록번호 제2012-000228호
등록일자 2012년 7월 2일

주소 서울시 영등포구 양평동 2가 37-1번지 동아프라임밸리 507-508호
전화 1644-5613 | **팩스** 02) 304-5613

ⓒ정준호

ISBN 978-89-6952-641-0 03320

· 값은 표지에 있습니다.
· 파본은 구입하신 서점에서 바꿔드립니다.

기업이 원하는 인재, 인재가 원하는 경험

정준호 지음

채용 인사이트

RECRUITMENT INSIGHTS

채용 전문가의 시선으로 본 채용과 취업의 모든 것

경향BP

채용과 취업의 사이에서 변화의 바람이 끊임없이 몰아친다.
채용 공고는 파편화되어 흩어지고, 취업의 문은 높고 좁아진다.
하지만 앞이 보이지 않을 것만 같은 거친 바람의 한복판이라 해도
문을 열고 나아가는 사람에게는 언제나 걸어갈 길이 있다.
그리고 누군가 마주 보며 걸어오는 길이 있다.

◈ 인터뷰 영상을 통해 먼저 만나는 채용 인사이트 ◈

채용에서 왜 경험이 중요한가

지원자 경험 여정 설계

PROLOGUE

인재와 기업이 만나는 길, 달라진 채용의 시작

"요즘 채용, 정말 어려워요."

취업난이 계속 거세져 취업준비생들이 누구보다도 힘들지만 기업에서도 채용이 어렵기는 마찬가지다. 2024년 사람인에서 실시한 설문 조사 결과, 설문에 참여한 기업 중 채용을 진행한 기업 332곳의 절반 (49.7%)은 계획된 인원수만큼 직원을 채용하지 못했다고 한다. 실제로 좋은 지원자를 모으기가 어렵고, 지원자 중에서 적합한 인재를 선발하기도 어렵고, 선발된 인재를 조직에 정착시키는 것도 어렵다.

여러 산업의 채용 담당자와 리더들을 만나 얘기를 나누다 보면 한 사람의 인재를 영입하는 데 들어가는 시간과 노력이 커졌음에도 불구하고 실패하는 경우가 점점 많아지고 있다고 한다.

'요즘 채용', 왜 이렇게 어려울까? 채용 담당자라면 모두가 공감하는 공통적인 이유가 있다.

채용이 어려운 3가지 이유

채용은 어려운 일이 아니라고 생각한다

채용은 원래 취업만큼이나 어려운 일이다. 그런데도 HR 신입사원이 오면 누구나 할 수 있는 일, HR 전문가로 성장하기 위해서 기초적으로 거쳐야 하는 단계로 생각하는 사람이 많다.

채용은 겉으로 보기에는 단순한 절차와 운영에 불과하다. 하지만 실제로는 정교하고 복잡한 프로세스 설계와 전략적 실행, 실패의 위험에 대한 부담감, 사업과 HR의 이해를 바탕으로 다양한 형태의 커뮤니케이션 등이 요구되어 신입사원이 제대로 해내기에는 어려운 업무이다.

따라서 채용 담당자에게는 흔히 생각하는 전형 운영 능력뿐만 아니라 역량 정의 및 측정, 직무 분석과 이해, 고용 계약과 관련된 노동법, 경험 설계 등 다양한 이론적 역량이 함께 요구된다. 그럼에도 불구하고 채용의 어려움을 알고 있는 HR 리더나 선배가 드물다 보니 제대로 채용을 배울 기회도 부족하다. 이렇게 어려움에도 불구하고 그동안 채용을 쉽게 해 왔다면 중장기적 관점에서 그 성과를 의심해 봐야 한다.

옛날 방식으로 요즘 인재를 채용한다

구직자들이 회사에 대해 가지고 있는 정보, 한 명의 인재를 둘러싼 경쟁의 치열함, 우리가 목표로 하는 인재의 수준은 과거와 다르다. 지원자들은 여러 기업에 대해 매우 상세하게 알고 있고, 한 사람의 우수한 인재는 이미 여러 기업이 노리고 있으며, 인재에게 기대하는 역할과 성과는 특별하면서도 시급하다.

아직 과거의 채용 방식을 고수하는 회사들은 이미 물이 마른 웅덩이에 낚싯줄을 드리우며 "기다리다 보면 다 오게 되어 있다."고 느긋하게 말하는 사람과 다를 바 없다. 결국 그는 시간만 낭비하고 돌아서거나, 낚싯줄에 걸려오는 낡은 비닐봉지를 마치 물고기인 것처럼 우기며 낚시를 마치는 수밖에 없다.

채용에 돈, 시간, 인원, 신경을 안 쓴다

경영진과 HR 리더들 중에는 채용에 들어가는 돈과 시간, 인원을 아까워하는 경우가 간혹 있다. 채용 이후에 들어가는 교육, 평가, 보상 등 여러 HR 활동에 들어가는 노력과 비용에 비해 채용에는 그만큼의 투자를 감수하지 않으니 결국 채용 과정을 어렵게 풀어 갈 수밖에 없다. 사실 채용만 제대로 할 수 있다면 그 다음의 후속 조치는 적은 비용과 노력으로 풀어 갈 수 있다. 극단적으로 말하자면 잘못된 채용을 보완하기 위해 그 이후의 HR 프로세스들이 필요한 것이다. 채용에 들어가는 비용과 노력을 아끼는 대신 다양한 HR 활동과 리더들의 희생이라는 대가를 치루고 있다.

인크루트에서 실시한 신입사원 1명의 채용에 들어가는 비용 조사 결과(2025. 5. 13.)를 보면 1위는 50만 원 이하(35.9%)인데 2위가 300만 원 초과(21.5%)로 기업마다 채용 비용의 격차가 크다. 비용과 노력을 들이지 않는 채용은 결국 타협된 수준의 그저 그런 역량을 가진 인재의 입사로 이어지고, 그런 쉬운 채용을 경험한 리더들은 채용에 더 투자하지 않는 악순환을 만들어 내면서 제대로 된 채용은 점점 어려워진다. 구글의 전 CEO 에릭 슈밋의 "최고의 인재를 뽑아서 그들이 하는 일을 방해하지 않는다."는 원칙을 생각해 볼 대목이다.

채용의 답을 직원 경험에서 찾다

'창업이수성난(創業易守成難)', 창업보다 수성이 어렵다는 말이다. 어렵게 나라를 세우고 기업을 만들어도 이를 유지하고 발전시켜 가는 것은 또 다르게 어려운 일이다. 마찬가지로 인재를 채용하는 것보다 채용한 인재를 지키는 것이 어렵다. 사실 많은 HR 담당자에게 '인재 유지'만큼 마음대로 되지 않는 일이 없다.

최근 이직에 대한 가치관이 변하고, 경력을 선호하는 기업의 치열한 채용 전략과 다양한 채용 채널 및 플랫폼 덕분에 대부분의 기업에서 이직률이 계속 높아지고 있다. 특히 주니어 레벨의 이탈은 많은 기업의 가장 큰 고민거리가 되고 있다.

떠나는 사람이 아닌 남아 있는 사람의 이유를 보다

마치 유행처럼 많은 회사가 몇 년마다 정기적으로 인재 유지를 위한 프로젝트를 실시한다. 나 역시도 5번의 인재 유지 프로젝트를 실시한 적이 있는데, 이는 최소한 4번 이상의 프로젝트에서 실패했다는 것을 의미한다. 그만큼 '인재 유지'는 거의 불가능에 가까운 HR 과제이다.

인재 유지 프로젝트의 과정은 대부분 비슷하다. 퇴직자가 많아지면서 프로젝트가 시작되고 결국 모든 분석의 대상이 퇴직자에게 몰린다. 그리고 분석은 퇴직의 4W(Who, When, Why, to Where)를 벗어나지 않는다. 어떤 사람(Who)이 퇴직하는지, 언제(When) 퇴직을 결심하는지, 왜(Why) 퇴직하는지, 어디로(to Where) 가는지를 분석하여 퇴직자의 다양한 특성의 상관관계를 분석한다. 4W 퇴직자 분석을 통해 많은 과제를 쏟아내지만 이직률을 직접 낮추기는 쉽지 않다. 다양한 데이터의 상관관계를 분석한다 해도 실질적인 이직의 사유나 요소를 알아내기는 쉽지 않다. 알아냈다 한들 그것을 개선하려면 많은 비용과 시간이 소요되며, 때로는 그 수준이 불가능에 가까운 경우도 많다.

2020년 들어 다시 한 번 인재 유지 프로젝트를 맡아 수행하게 되었다. 눈앞에는 퇴직자들에 대한 수많은 데이터가 쌓여 있었다. 퇴직자들이 가지고 있었던 불만이 무엇인지, 그리고 어디로 가는지 뻔히 알고 있다 보니 과거와 같은 방식으로 과제를 수행해 봤자 어차피 개선해야 할 과제는 과거와 똑같을 것이고, 결국 여전히 프로젝트는 성공하기 어려울 것이라는 생각이 들었다. 그때 비로소 퇴직자가 아닌 회사에 여전히 남아 있는 나 자신을 돌아보게 되었다. 이미 수많은 동료가 회사를 떠나는 동안 여전히 회사에 남아 인재 유지 프로젝트를 반복하고 있는 나 자신에게 물었다.

"나는 왜 이 회사에 남아 있지?"

남아 있는 사람이 간직하는 기억을 활용하다

왜 나는 이 자리에 그대로 있는지 스스로 질문을 던지고 많은 생각을 했다. 신입사원 시절 중 한순간의 기억이 떠올랐다. 당시 LG그룹은 'LG 인재개발대회'라는 행사를 통해 1박 2일의 여정 동안 전체 계열사의 HR 담당자들이 한데 모여 다양한 HR 사례를 함께 공유하고 교류했다. 입사한 지 한 달이 채 되지 않은 시기였는데 그때의 경험은 그야말로 거대한 충격이었다. 그때 만났던 수많은 선배의 모습은 하나같이 멋있었고, HR에 대한 진지한 생각과 경험들을 나누는 자리는 신입사원의 가슴을 뛰게 만들었다. 그때의 생생한 기억은 '이곳에서 나도 HR 전문가로 성장

재직자 인터뷰 결과

가장 먼저 기억이 나는 긍정적인 경험의 순간은 무엇인가요?

	Junior	Mid-Level	Senior
회사 Company	회사의 위상과 평판	회사/사업조직의 성장 가능성	사업 및 조직의 안정성
관계 Connectivity	동기/선배 관계	선후배/동일직무 담당자 관계	내/외부 관계자의 인정
일 Career	하고 싶은 일 가치 있는 일	일을 통해 성과 기여/보상	본인 주도의 성공 체험/업적

할 수 있겠다.'라는 기대와 믿음이 되었다.

'그들은 왜 떠났는가?'가 아닌 '우리는 왜 남아 있는가?'로 관점을 바꾸었다. 먼저 주변의 동료들에게 익명의 서베이를 통해 '왜 남아 있는지'에 대한 질문을 던졌다. 입사가 1년도 안 된 신입사원부터 정년을 앞둔 선배사원까지 다양한 계층의 구성원 FGI(Focus Group Interview)를 통해 서서히 하나의 공통점이 드러났다. 그 내용과 의미는 다르지만, 누구에게나 회사 생활을 하는 동안 남다른 기억이 있었다. 대부분 관계(Connectivity) 속에서 전문가로의 성장(Career) 또는 소속감(Company)을 경험했으며, 결국 그것이 그들을 업무와 조직에 집중할 수 있게 한 중요한 이유였다.

인재 유지의 비결인 그 '기억'은 무엇인가? 때마침 제이콥 모건의 『직원 경험』을 읽으면서 이것이 바로 '직원 경험'임을 깨닫게 되었다. 기존의 인재 유지 프로젝트는 '퇴직자의 불만족'에 갇혀 이를 제거하거나 개선하는 데 집중했다. 하지만 이제는 재직자들에게 특별한 관계(Connectivity), 성장감(Career), 소속감(Company)을 줄 수 있는 경험의 여정을 설계하는 데 집중했다. 그것이 첫 직원 경험 여정 설계의 시작이었다. 시간이 지나면서 많은 기업에게 직원 경험이 유행처럼 번지기도 하고 사그라지기도 했지만, 그 이후의 내 모든 과업은 '직원 경험'적 사고에서 시작했다. 채용도 마찬가지였다.

채용 담당자에서 지원자 경험 설계자로 진화하다

세상이 바뀌면서 그 안의 사람도 바뀌고 그 사람들이 모이는 기업도 바뀐다. 기업은 변화하는 세상에서 생존하기 위해 탈피를 하듯 제 모양과 기능을 변화시켜 나간다. 아무리 원칙과 기준을 고수하는 HR라 해도 예외일 수 없으며, 특히 채용은 더욱 그렇다. 그리고 필요한 기능이 바뀌고 역할이 바뀌면서 채용 담당자를 부르는 이름도 달라졌다.

Operator : 계획에 따라 움직이는 오퍼레이터

얼마 전까지 채용 담당자는 매년 3월과 9월, 정기공채 시즌에 맞춰 모집 공고를 올리고 접수된 서류를 정리하여 면접을 안내하고 전형 결과를 발표하는 일을 안정적으로 잘 반복하면 되는 운영자였다. 실제로 과거 수십 년 동안 단순 운영자로서 채용 담당자의 역할은 거의 변하지 않았다.

이렇다 보니 채용은 HR 입문자들에게 마치 본 게임을 시작하기에 앞서 튜토리얼부터 경험하는 것처럼 거쳐 가는 업무에 불과했다. 채용이 하나의 전문화된 역할이기보다는 HR 담당자의 부수적인 업무로 납기를 지켜서 과정을 운영하는 것 외에는 이렇다 하게 차별화된 성과를 만들어 내기 어려웠다. 튜토리얼을 아무리 열심히 해도 실제 게임에서는 아무 의미가 없듯이 말이다.

Recruiter : 인재를 찾아 영입하는 리크루터

과거의 대규모 정기공채에서 소규모 수시채용으로 전환되면서 이제 운영의 효율성보다 효과성에 집중하기 시작했다. 범용적인 다수의 인재를 채용하는 것보다 차별화된 역량을 가진 소수의 인재를 채용하는 것이 필요해졌고, 채용 담당자의 역할은 단순히 대규모 정기 채용을 운영하는 오퍼레이터에서 소수의 차별화된 인재를 찾아내어 영입하는 리크루터로 전환되었다.

이제 채용 담당자는 채용이 필요한 직무에 맞춰 인재를 모집하기 위한 차별화된 전략을 수립하고, 이를 효과적으로 실행하며, 상황에 따라서는 인재를 직접 찾아 나서기에 이르렀다. 이때를 즈음하여 서치펌의 헤드헌터를 직접 인하우스 채용 담당자로 채용하는 사례들도 생기기 시작했다. 뿐만 아니라 '링크드인'이나 '사람인'뿐만 아니라 다양한 채용 플랫폼이 우후죽순으로 생겨나기 시작했고, 채용 담당자가 직접 인재를 찾아 연락하여 포지션을 제안하는 것은 더 이상 생소한 일이 아니게 되었다.

HR Marketer : 기업의 가치를 파는 HR 마케터

채용에서 인재를 직접 모집하는 것이 중요해지면서, 이를 효과적으로 실행하기 위해서는 채용 담당자 개인의 역량보다 기업 자체의 브랜드 이미지가 중요해졌다. 이때부터 '채용 브랜드'가 입에 오르내리기 시작했고, 한때 채용 브랜드를 관리하는 담당자를 채용하는 공고의 직무명에 'HR 마케터'라는 용어가 등장했다.

채용 담당자는 이제 더 이상 그저 선발 전형을 운영하는 오퍼레이터의 역할을 넘어 직접 인재를 영입하는 리크루터로 진화했고, 급기야는 이제 인재에게 회사와 직무를 판매하는 마케터로 탈바꿈했다. 실제로 채용 담당자에게도 마케터와 같이 화려한 언변과 네트워킹 역량뿐만 아니라 시장을 분석하고 영업 전략을 수립하는 역량이 똑같이 요구되었다.

HR Entertainer : 인재와 소통하는 엔터테이너

채용 담당자의 역할은 오프라인의 소규모 활동에서 그치지 않았다. 특히 코로나19가 시작된 2019년부터 많은 채용 활동이 온라인으로 옮겨가게 되었고, 대부분의 기업에서 채용과 관련된 유튜브 채널을 운영하거나 영상 콘텐츠를 제작하여 홍보했다. 당시 카메라 앞에 서 보지 않은 경우가 없을 정도로 채용 담당자가 직접 실시간 또는 녹화된 영상에 출연하는 것은 흔한 일이었다.

당시의 채용 담당자는 마치 엔터테이너와 같았다. 토크 콘서트를 진행하거나 직접 직무를 체험하고, 또는 연기까지 해야 하는 상황에서 내면의 새로운 재능, 연예인과 같은 '끼'를 끌어올려야만 했다.

채용 담당자의 새로운 역할

환경 변화에 발 빠르게 대처하는 채용 담당자는 이름을 바꾸어 가며 역할을 확대해 나갈 수 있었지만, Operator에 머무는 채용 담당자는 외주 서비스나 온라인 시스템으로 대체되어 소멸되었다.

지금 채용은 또 다른 환경의 변화를 마주하고 있다. 우수한 인재들이 회사를 선택하고 스스로 오게끔 만들 수 있는 전략과 실행이 필요하다. 이것은 과거에 인재들을 회사에 머무르게 하기 위해서 고민했던 것과 같다. 떠나는 사람과 남아 있는 사람의 차이, 그것은 우리 회사에 오지 않는 사람과 오는 사람의 차이와도 같다.

바로 '직원 경험'이다.

Candidate Experience Designer : 지원자 경험을 설계하는 디자이너

이제 채용 담당자에게는 우수한 지원자들이 우리 구성원들 사이로 걸어오는 여정을 설계하는 역할이 주어졌다. 따라서 채용 담당자의 새로운 이름은 'Candidate Experience Designer'이다. 앞서 여전히 직무와 조직에 남아 몰입하는 이유가 '직원 경험'이었다면, 우수한 지원자들이 회사를 선택하는 기준도 역시 '지원자 경험'이다. 따라서 '지원자 경험'은 채용 담당자의 성과를 만들어 낼 수 있는 가장 강력한 무기이자, 채용 담당자의 성과 중에서 가장 큰 보람이 될 것이다.

지금부터의 이야기는 '직원 경험 설계자'로서 채용, 나아가 조직의 역량을 확보해 나가는 배경과 방법에 대한 내용이다. 이 이야기를 통해 채용 담당자 그리고 취업과 이직을 준비하는 모든 사람이 각자의 업무 속에서 구성원의 직원 경험 여정을 설계하고, 스스로의 경험 여정 또한 그려 볼 수 있기를 기대한다.

경험 설계자 정준호

CONTENTS

PROLOGUE 인재와 기업이 만나는 길, 달라진 채용의 시작   5

CHAPTER 1 수시채용 시대, 달라진 룰

STEP 01	왜 기업은 더 이상 정기공채를 하지 않을까?	25
STEP 02	수시채용의 숨겨진 비밀	33
취업 실전 가이드 1	수시채용 시대, 취업준비생의 실전 전략	39

CHAPTER 2 기업이 원하는 인재

STEP 03	경력의 확장 1 : 중고신입 대신 뜨는 주니어 탤런트	53
STEP 04	경력의 확장 2 : 나이 아닌 역량으로 인정받는 시니어 탤런트	61
STEP 05	경력의 확장 3 : 퇴사 후 재입사하는 부메랑 탤런트	69
STEP 06	경력 같은 신입 : '스펙'보다 '경험'으로 채용한다	75
취업 실전 가이드 2	채용 담당자가 말하는 합격하는 지원자의 특징	85

CHAPTER 3 채용 방식의 변화

STEP 07	인재상을 정확히 알아야 채용이 보인다	97
STEP 08	자기소개서의 종말, 새로운 평가 기준	105
STEP 09	지원자와 기업이 펼치는 AI 대리전	109
STEP 10	직무 역량 중심 면접, 합격을 가르는 결정적 기준	114
STEP 11	평판조회, 뒷조사가 아닌 앞조사	118
STEP 12	경력에도 수습 기간이 있다	121
취업 실전 가이드 3	취업준비생을 위한 채용 전형 단계별 공략법	125

CHAPTER 4 채용과 취업의 새로운 기준 : 지원자 경험

STEP 13	아웃바운드/인바운드보다 중요한 것은 '경험'	140
STEP 14	채용과 취업을 결정하는 3L 경험 여정 : Learn - Like - Longing	146
STEP 15	지원자 경험의 최소 기준, 채용절차법	161
STEP 16	공정성 : 제대로 평가받는 지원자	167
STEP 17	효율성 : 지원자의 시간과 노력을 존중하는 기업	174
STEP 18	존중감 : 고객이자 동료로 대우받는 지원자	184

CHAPTER 5 HR 담당자를 위한 지원자 경험 설계법

STEP 19 1단계 : 지원자 페르소나 만들기　　　　　　　　　200
STEP 20 2단계 : 지원자 경험 여정 분석하기　　　　　　　204
STEP 21 3단계 : 기억의 순간 심어 두기　　　　　　　　　209

CHAPTER 6 모집 단계의 지원자 경험 사례

STEP 22 첫 만남에서 인상을 남기는 방법　　　　　　　　217
STEP 23 지원자가 중심이 되는 채용　　　　　　　　　　225
STEP 24 좋은 기업은 채용 공고문부터 다르다　　　　　　234

CHAPTER 7 선발 단계의 지원자 경험 사례

STEP 25 도전할 가치가 있는 전형 설계   **241**
STEP 26 기업과 지원자가 함께 준비하는 면접   **249**
STEP 27 지원자가 평가하는 채용   **254**
STEP 28 온보딩, 채용 여정의 마지막이자 시작   **256**

EPILOGUE 지원자 경험에서 직원 경험으로, 커리어 여정으로의 확장   **265**
참고 문헌   **270**

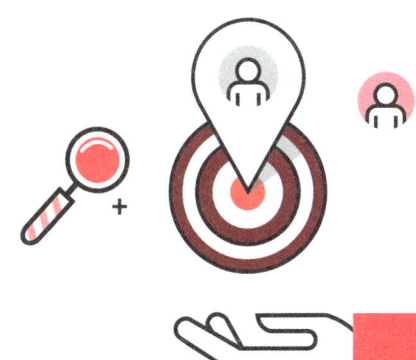

CHAPTER 1

수시채용 시대, 달라진 룰

1957년 삼성물산공사가 신입사원 27명을 공개 채용하는 광고가 신문에 실렸다. 농지개혁, 경부선 철도, 88 서울올림픽, KTX 개통 등과 함께 중요한 역사적 순간으로 나란히 거론된 이 채용은 우리나라 공채의 효시라고 일컬어진다. 이전만 하더라도 대부분의 채용은 말 그대로 '주인장 마음대로'여서 누군가의 친척과 지인들을 추천받아 채용하는 것이 대부분이었기 때문에 그야말로 한국의 경제를 바꾼 역사적 선택으로 불릴 만했다. 이 채용 이후로 삼성, 현대, LG 등 대기업에서 대규모 정기공채가 시작되었고, 많은 기업이 그 뒤를 이었다.

대학 진학률이 높아지면서 대졸 출신의 인재들이 한 시기에 일제히 쏟아져 나왔고, 산업화가 본격적으로 활발해지면서 국내 대기업들의 인력 수요가 급격하게 높아졌다. 이때의 채용에서 중요한 가치는 '효율'이었다. 적은 노력을 집중하여 다수의 우수한 인재를 신속하게 확보하기 위해 일본에서 시행하던 정기공채 방식을 국내에 정착시켜 한국의 대졸 정기공채가 되었다.

정기공채는 한국과 일본의 독특한 채용 방식이다. 한동안 매년 봄과 가을이 되면 대학교 캠퍼스 안에 많은 기업의 정기공채 포스터와 현수막이 걸렸고, 채용 박람회에는 많은 취업준비생이 모여 발 디딜 틈이 없었다.

처음 공채가 시작되었던 1957년으로부터 60여 년이 흐른 2019년, 현대자동차는 공채를 폐지하고 수시채용 체제로의 전환을 선언했다. '한국 경제를 바꾼 49개의 역사적 선택'의 뒤를 이어 '50번째의 선택'을 제시한다면 바로 이 수시채용 시대의 개막이 아닐까? 그 뒤로 많은 기업이 정기공채에서 수시채용으로 전환했고, 이제는 삼성그룹을 제외한 대부분의 대기업에서 정기공채 공고를 찾아보기 어려워졌다.

효율에서 효과로 가는 채용

최근 채용 트렌드의 가장 큰 변화를 꼽으라면 바로 '수시채용'일 것이다. 수시채용 그 자체도 작지 않은 변화이지만, 수시채용은 산업 환경 변화, 시대의 가치관 변화 등 복합적인 결과이면서 채용과 취업 활동 전반의 변화를 이끌어 낸 원인이기도 하다.

채용 플랫폼 인크루트의 조사에 따르면, 기업의 채용 방식 중 신입 정기공채의 비율은 2023년 24%에서 2025년 20.8%로 계속 감소하고 있다. 불과 2010년대만 하더라도 기업의 채용 방식 중 신입 정기공채의 비율이 70% 전후로 관리되던 것에 비하면 그야말로 급격한 감소라고 볼 수 있다. 이제 '9월이 채용 성수기'라는 말도 옛말이다. 인크루트의 2024년 채용 결산 자료의 월별 채용 기업 비율을 보면 오히려 3월이 26.7%로 가장 높고, 그 다음은 7월, 10월, 11월, 그리고 다섯 번째로 9월이 17.1%를 기록했다.

기업들은 과거의 정기공채가 수시채용으로 전환된 이유로 필요한 인재의 적시 채용, 현업 중심, 직무 기반 채용을 들었다. 하지만 정기공채와 수시채용의 차이는 채용의 규모와 빈도에서 시작한다. 수시채용의 시대에 우리가 피부로 느끼는 가장 큰 변화는 적시 채용, 현업 중심, 직무 기반이 아니다. 바로 기업이 예전처럼 '언제나 매 시기마다 많은 인원을 채용하지 않는다.'는 것이다. 고용노동부에서 조사한 구직자 1인당 일자리의 수는 지속적으로 감소하여 2022년 0.74개에서 2025년에는 급기야 0.4개까지 떨어졌다. 이제 기업은 채용을 과거 '효율'적으로 대규모의 인재를 긁어모으는 방식에서 '효과'적으로 반드시 필요한 인재를 뽑아내는 방식으로 바꾸었다.

오래전 한국의 첫 공채 이후 60여 년이 흐른 지금의 수시채용은 다시 한 번 우리의 일터와 삶의 풍경을 바꾸고 있다. 한때 봄과 가을 캠퍼스를 뒤덮었던 현수막과 설레는 취업 준비의 긴장감은 사라지고, 채용 공고는 점점 정교해지고 다양해졌지만 지원서를 작성하고 전형을 치르는 여정의 문은 점점 좁아지고 있다.

하지만 채용의 본질은 변하지 않았다. '자본'과 '사람'이 함께 공존하며 서로의 가치를 교환하여 사회를 움직이는 시작인 '채용'은 여전히 기업에게도, 사람에게도 중요한 '성장'의 순간이다. 기업은 채용을 통해 사업을 키울 수 있으며, 사람은 채용을 통해 경력을 키울 수 있다. 지극히도 경제적이며 인간적인 활동인 '채용'은 그 본질을 수행하기 위해 세상의 변화에 맞춰 진화할 뿐이다.

STEP 01

왜 기업은 더 이상 정기공채를 하지 않을까?

기업이 과거의 효율적인 정기공채를 버리고 수시채용을 선택한 이유를 알기 위해서는 먼저 채용의 특성을 알아야 한다. 무엇보다도 채용이 가지는 특수한 어려움을 이해해야 한다. 채용의 복잡성을 공감하고, 변화를 받아들이고, 많은 신경을 쓰더라도 채용은 어렵다. 특히 많은 HR 담당자에게 채용이 어려운 이유는 채용이 다른 HR 업무와 분명히 다른 점이 있기 때문이다.

HR와 채용의 차이

예측 불가능한 변수

일반적으로 대부분의 HR 업무는 연초의 목표를 연말까지 어떻게든 달성할 수 있다. 몇 개의 교육 과정을 만들고, 평가와 보상 프로세스를 재설계하고 몇 명의 리더 후보군을 구성하는 것 등이 HR의 실행력과 경영진의 의지에 따라 달성할 수 있는 목표이기 때문이다.

그런데 채용의 목표는 그리 간단하지 않다. '어떤 역량과 경험을 어느 수준 이상으로 갖춘 인재 몇 명을 어느 시점에 어느 포지션으로 입사를 시켜야 하는' 채용의 목표는 때로는 HR 담당자와 경영진이 아무리 노력해도 결코 달성하지 못할 수 있다. 사람에게 자신의 직업과 직장을 선택하는 것과 이직을 하는 것은 인생을 건 결정이자 가족의 미래까지 달린 문제이기 때문이다.

북한과의 긴장감이 고조되자 전쟁이 일어날까 봐 근무지인 파주에는 못 오겠다던 일본인, 갑작스런 자연재해로 가족들의 심리적 안정을 위해 미국에 남기로 한 과학자 모두 예측 불가능했던 변수로 인해 실패한 채용 프로젝트였다.

내부·외부 고객 관리

내부의 구성원과 경영진이 중요한 고객이면서도 외부의 지원자와 지원자가 될 수 있는 인재들, 그리고 그들과 연결되어 있는 대학·기관·기업들도 모두 중요한 고객이다. 따라서 채용 담당자는 다양한 고객의 다양한 눈치를 모두 살펴야 한다. 면접 하나를 운영하더라도 지원자에게는 회사와 채용 직무의 정보를 명확하면서 매력적으로 전달해야 하고, 현업 담당자에는 지원자의 강점을 친절하면서 공정하게 설명해야 한다. 각각의 커뮤니케이션이 모두 다를 수밖에 없는 데다 동시에 양쪽에서 만족과 감동을 이끌어 내려면 모두에 대한 깊은 이해와 세련된 스킬이 필수이다.

끝없는 경쟁 환경

기업의 경쟁자는 일반적으로 동종업계의 기업들이지만, 채용 시장에서 경쟁관계는 더 넓고 복잡하다. 산업의 경계가 허물어지면서 동종업계뿐만 아니라 이종산업의 기업들도 경쟁관계가 되고, 고객기업 또는 재료 공급 기업도 채용 시장에서는 서로 경쟁기업이 된다. 대기업부터 중소기업, 스타트업뿐만 아니라 같은 그룹의 계열사들도 채용 시장에서는 치열한 경쟁자로 만나게 된다. 공공 연구기관들도 경쟁자이고, 지원자가 산업계가 아닌 학계로 진로를 고민하면 대학들도 경쟁자가 된다. 연구원으로서의 꿈을 포기하고 주부로 살아가는 것을 고민하는 여성 지원자의 경우에는 남편이 경쟁자가 된다. 경쟁자를 분석하여 이겨 내야만 인재를 얻어 낼 수 있다.

이처럼 채용과 HR 업무의 다른 점은 다양한데, 이를 하나로 요약하면 바로 '기업과 산업 환경의 영향'이 크다는 것이다. 다른 HR 업무들도 산업 환경의 변화에 민감하게 반응하지만 채용은 더욱 그러하다. 외부 환경의 변화에 지배당하고, 외부 고객을 대상으로 하며, 무한한 외부 경쟁 체제인 채용은 이를 둘러싼 기업과 산업이 어떻게 변화하는지에 따라 그 역할과 방법이 달라진다. 따라서 채용은 무엇보다도 그 기업과 산업을 제대로 이해하는 것에서부터 시작한다.

기업은 사람과 다르게 수명이 정해져 있지 않다. 사람에게는 노화와 죽음이 당연하지만 기업은 '채용'을 통해 인재들을 순환시키면서 수명을 연장할 수 있기 때문이다. 그만큼 채용은 기업의 생존에 필수적인 요건이다. 하지만 지금 기업들은 채용을 줄여 가고 있다. 정기적인 '채용'이

어느새 기업의 생존에 '부담'이 되고 있기 때문이다.

과거 많은 기업은 인재들을 덮어놓고 뽑아도 잘 육성시키면 다 쓸 데가 있었다. 하지만 지금은 그야말로 '쓸 데 없는' 일이다. 단순히 쓸 데 없는 일이 아니라 생존을 위협하는 질병이 될 수도 있다. 이 시대의 기업에게 채용은 무엇일까?

기업 역량 확보에 채용이 유일한 방법은 아니다

기업의 목적은 흔히 미션으로 설명된다. 구성원과 주주, 그리고 사회적인 가치를 높이는 여러 미션을 그럴싸하게 내걸고 있지만 모든 기업의 궁극적인 목적은 하나다. 바로 '생존'이다. 기업은 기업 스스로의 생존 자체가 가장 큰 목적이자 이유이며, 기업의 모든 활동은 '생존을 위한 것'이다.

생존을 위해 기업은 '성장'해야 한다. 인간이 '성장'을 멈추면 노화가 시작되고 서서히 죽음을 맞이하듯이 기업은 끊임없이 성장함으로써 영속할 수 있다. 외형의 성장뿐만 아니라 수익을 동반한 내적 성장을 추구하는 이유도 단순히 사업을 키우기 위해서가 아니라 끊임없이 생존하기 위해서이다.

기업은 생존과 성장을 위해 다양한 사업 전략을 구사한다. 어느 사업은 더 확장하고, 어느 사업은 미래를 위해 준비하고, 어느 사업은 몸집을 줄이거나 소멸시키기도 한다. 이러한 전략을 실행하기 위해서는 그에 맞는 충분한 '역량'이 필요하다. 기업의 모든 기능의 목적은 사업 전략을 실행하기 위한 '역량'을 확보하고 강화하는 것에 있다.

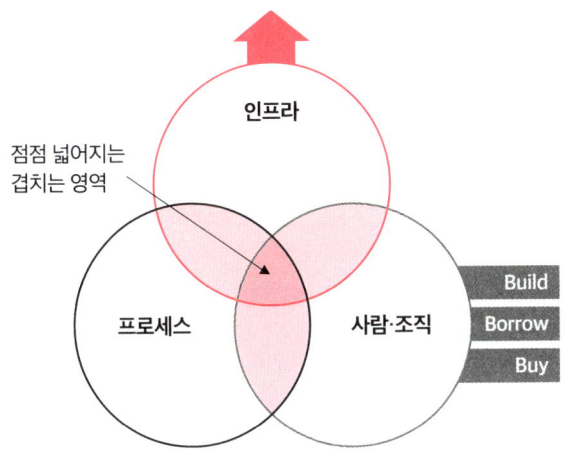

사업 역량에서 서로 겹치는 영역이 넓어진다 : Infra/Process/People

　기업의 사업 역량 영역은 크게 3가지로 구분된다. 먼저 인프라(Infra)는 물리적인 생산 설비와 업무공간, IT 시스템 등이다. 프로세스(Process)는 업무의 흐름과 방식, 성과를 만들어 내는 방법론 등이다. 마지막은 인적·조직(People) 영역으로 사람과 조직이며, 이를 운영하는 조직 문화와 HR 역량이다.

　사업 전략을 실행하기 위해서는 이 3가지의 사업 역량을 갖추는 것이 중요하다. 사업 전략이 무엇인지와 현재 보유하고 있는 역량의 내용과 수준에 따라서 3가지 역량 중 어느 역량의 확보에 더 집중해야 하는지가 정해진다. 흥미로운 점은 산업이 발전하고 변화하면서 각 역량의 원이 겹치는 부분이 점점 넓어지고 있다는 것이다.

이는 과거 인적·조직 역량의 확보로 가능했던 사업 전략을 인프라 또는 프로세스 역량으로도 실행할 수 있다는 것을 의미한다. 결국 인프라 또는 프로세스 역량을 통해 더 빠르고 효과적으로 전략을 실행할 수 있다면 굳이 인적·조직 역량을 확보하기 위해 많은 자원을 쓰지 않아도 된다. 여전히 '인사가 만사'일 수는 있어도 일단 최우선의 방법은 아닌 셈이다.

최근 마이크로소프트는 2025년 2분기 매출이 764억 4,000만 달러로 전년(647억 2,000만 달러) 대비 18% 넘게 증가할 정도로 사업이 크게 성장하고 있다. 과거 사업의 성장에는 언제나 대규모 채용이 함께 했다. 그러나 아이러니하게도 마이크로소프트는 새로 인원을 채용하기는커녕 오히려 7월 들어 9,000명을 해고했고, 지난 5월에도 6,000명의 직원을 내보낸 이력이 있다. 주된 이유는 AI 인프라 투자를 위한 비용 절감과 AI를 활용한 일자리 대체일 것으로 보인다. 인적·조직 영역을 인프라 영역이 대신하는 것이다.

인적 조직 역량을 확보하는 방법이 다양하다 : Build/Borrow/Buy

인적·조직 역량은 여전히 전략 실행을 위해 중요한 역량이기에 기업은 이를 확보하기 위해 다양한 방법으로 노력을 기울인다. BCG, 맥킨지와 같은 경영 컨설팅펌에서는 인적·조직 역량을 확보하는 방법을 크게 3B로 나누어 설명한다.

3B는 Build, Borrow, Buy를 의미하며 각각의 용어에 맞게 역량을 확보하는 방법을 뜻한다. Build는 내부에서 키우는 방법이며, 주로 교육 훈련

이나 사내 벤처와 같은 방식을 통해 육성한다. Borrow는 외부에서 빌리는 방식으로 대학이나 연구기관, 또는 LG와 같은 대기업은 계열사의 인력을 통해 일시적으로 역량을 확보한다. Buy는 외부에서 사는 것이다. Buy의 전부가 채용은 아니다. 최근 가장 빠르고 확실하게 역량을 확보할 수 있는 Buy는 다른 기업이나 사업의 인수합병이다. 물론 채용도 Buy의 한 가지 방법이다.

기업은 역량을 확보하기 위해 이 3가지 방법을 모두 사용하거나, 한 가지만 사용할 필요는 없다. 역량과 상황에 맞춰 가장 효율적이고 효과적인 방법 하나에 집중하거나 여러 방법을 조합할 수 있다. 중요한 것은 반드시 Buy, 그리고 그중에서도 채용이 필수는 아니라는 것이다.

이제 채용은 필수가 아닌 선택이다

결국 기업은 생존을 위해 성장하고, 성장을 위해 역량을 선택적으로 확보한다. 이 과정에서 채용은 중요한 수단이 될 수 있지만, 결코 유일한 답은 아니다. 중요한 것은 채용이 만능이 아니라는 사실을 인식하고, 지금 우리에게 가장 필요한 역량이 무엇이며, 그것을 가장 효과적으로 확보할 방법이 무엇인지에 대해 냉정한 질문을 던지는 일이다.

그럼에도 불구하고 과거 채용은 대부분의 기업에서 역량을 확보하는 당연한 방법인 동시에 사회에서 기업의 의무 사항이기도 했다. 의례적으로 정해진 시기가 되면 많은 인원을 모아 선발하는 과정을 진행하고, '채용은 대가 끊기면 안 된다.'라는 것이 마치 채용 담당자와 HR의 불문율처럼 여겨지기도 했다. 그랬던 기업들이 왜 이제 채용을 냉정하게 바라보기 시작한 것일까?

수시채용은 기업이 세상의 변화에 적응하기 위한 스스로의 진화에 가깝다. 기존의 반복적인 채용의 허물을 벗고 새로운 채용으로 새로운 세상의 변화에 맞서는 것이다.

STEP 02

수시채용의 숨겨진 비밀

노인을 위한 나라도, 회사도 없다

영화 「노인을 위한 나라는 없다」가 2008년 아카데미 시상식에서 4관왕을 휩쓸었다. 당시 미국인들에게 신선한 충격과 공감을 얻었던 작품으로 국내에서는 권오중이 빌런 '안톤'의 외모를 패러디하여 화제를 모으기도 했다.

영화의 내용은 다음과 같다. 늙은 보안관이 자신의 경험과 직관을 통해 빌런 '안톤'을 뒤쫓는다. 안톤은 무자비한 살인마이자 돈가방을 쫓는 범죄자이다. 동전 던지기로 살인을 결정하는 우발적인 성격을 지녔다. 안톤은 결국 초인에 가까운 능력을 바탕으로 돈가방을 얻어 냈다. 보안관·경찰과 다른 조직의 추격에도 불구하고 도주에 성공하는 듯했으나, 교차로에서 트럭과 충돌하는 교통사고로 큰 부상을 입고, 결국 경찰에 잡히는 것을 암시하는 장면으로 영화는 끝난다.

영화의 의미를 한 단어로 말한다면 'VUCA'가 아닐까 싶다. Volatility(변동성), Uncertainty(불확실성), Complexity(복잡성), Ambiguity(모호성)을 뜻하는 VUCA라는 용어가 나오기 전의 영화이지만, 영화는 VUCA 그 자체를 보여 준다. 영화의 결말은 모두의 예상을 벗어난다. 경험이 많은 보안관도, 안톤을 쫓는 조직도, 무자비한 안톤마저도 결과를 예상하지 못했다. 영화는 불확실성이 지배하는 세상에서 과거의 경험과 철저한 계획은 아무 의미가 없다는 것을 제목 '노인을 위한 나라는 없다'로 말한다.

그리고 이제 노인을 위한 회사도 없다.

무분별한 채용은 기업의 생존을 위협한다

지금의 산업 환경 변화를 뜻하는 키워드로는 '저성장', '고령화', 'AX(AI Transformation)' 등이 있지만 모든 것을 아우르는 키워드는 'VUCA'이다. 과거의 환경 변화는 일종의 추세와 흐름이 있었고 마치 파도와 같이 내려가면 올라갈 것을 기대할 수 있었다.

하지만 이제는 아니다. 바닥인 줄 알고 발을 디뎠는데 지하가 뻥 하고 뚫려 있다. 누구도 앞날을 예측할 수 없는 미래에 가장 위험한 것은 '과신'이다. 앞이 보이지 않는 상황에서 발걸음을 내딛기에는 많은 망설임과 주저함이 있는 것이 당연하다.

기업은 이제 덩치를 불리기보다는 보다 민첩한 몸 만들기에 나서고 있다. BCG(보스턴컨설팅그룹)의 조직민첩성 성과 분석 결과 기사(2024. 5. 8.)에서 글로벌 127개 기업 조사 결과를 보면 94%가 애자일(Agile) 전환을 시도했으며, 그중 66%는 성공적인 전환을 이루었다는 평이 있다.

애자일을 추구하는 상황에서 기업은 모든 투자에 보수적이다. 인적 자원은 더욱 그렇다. 인적 자원의 확보에 들어가는 비용과 시간이 많이 드는 데다가 그것을 지키고 육성하는 데 더 많은 비용과 시간이 필요하기 때문이다. 그 투자가 실패하는 경우에도 다른 투자 자원에 비해 정리하는 것이 쉽지 않다.

기업이 과거의 정기공채를 버리고, 수시채용을 선언한 진짜 이유는 결국 의례적인 신입 채용의 규모를 줄이겠다는 것이며, 그 내면에는 알 수 없는 미래에 대한 불안과 걱정이 있다. 게다가 AI의 급격한 발전은 기존 구성원들의 일자리마저 위협하고 있다. 한때 산아제한을 위해 '덮어 놓고 낳다 보면 거지꼴 못 면한다'라는 표어가 있었던 것처럼 이제 '덮어 놓고 뽑다 보면' 단순히 투자 실패뿐만 아니라 그 실패를 정리하는 데 더 많은 비용과 시간을 들이게 될 것이다.

급격하게 변화하는 세상의 흐름에서 기업은 과거에 비해 더 민첩한 몸을 만들어야 한다. 그런데 오히려 군살이 불어나게 되면 결국 기업의 생존을 위협하게 된다. 질병과 같은 비만의 결정적이고 직접적인 원인은 무분별한 '채용'이다.

'잘못된 채용'보다 '아예 하지 않는 채용'이 치명적이다

역량을 확보하기 위한 방법 중의 하나인 채용이 점점 자리를 위협받고 있다. 그 이유 중의 하나는 잘못된 채용이 발생할 경우 그로 인한 손실이 매우 크다는 것이다. 워런 버핏은 "잘못된 채용은 세 번, 즉 채용 비용, 성과 손실 비용, 교체 비용의 비용을 써야 한다."라고 말한 바 있다.

잘못된 채용은 단순히 비용만의 문제가 아니다. 다른 인재들에게 악영향을 끼칠 뿐만 아니라 잘못된 조직 문화가 되어 사업 전체를 위기에 빠뜨릴 수도 있다.

구글의 전 CEO 에릭 슈미트는 "잘못된 사람을 채용하는 것은 건전한 사업을 가장 빨리 무너뜨리는 길이다."라고 말한 바 있으며, 피터 드러커는 "잘못된 채용은 관리자가 저지를 수 있는 가장 비싼 실수다."라고 말하기도 했다.

채용이 실패할 수 있는 가능성은 언제나 있으며, 그에 따른 손실은 어마어마하게 크다. 불확실성이 높은 세상에서 다른 자원에 비해 불확실성이 높은 인적 자원에 의존하는 것은 기업으로서는 큰 부담일 수밖에 없다. 하지만 그 실패를 두려워만 한다면 어떠한 인재도 얻을 수 없는 것도 사실이다. 지극히 불완전한 존재인 인간을 얻기 위해 그 위험을 감수한다는 것은 역설적이지만, 채용이 그만큼의 가치가 충분히 있다는 것을 의미한다.

상황에 따라 기업이 가장 확실하고 효과적으로 역량을 확보하는 방법은 오로지 '채용'인 경우도 있다. 특히 새로운 사업을 시작하거나 기존 사업 변화의 길목에서 미리 우수한 인재들을 확보하여 육성해 두거나 뒤늦게라도 신속하게 우수한 인재들을 확보하는 것은 매우 중요하다.

2000년대 초반 휴대폰 시장에서 독보적 1위였던 노키아는 스마트폰 시대로 접어들면서 기존의 하드웨어 엔지니어는 충분했으나 새로운 플랫폼의 소프트웨어 인재를 제대로 준비하지 못했을 뿐만 아니라 오히려 많은 소프트웨어 엔지니어가 이탈하는 상황을 막지 못했다. 결국 스마트폰 시대에 처참하게 자취를 감출 수밖에 없었던 노키아의 당시 CEO

엘롭은 내부 보고서에서 "혁신할 인재와 문화가 없다."고 언급할 정도로 인재의 부족은 기업의 생존과 직결되는 문제가 되었다.

잘못된 채용은 위험하지만 아예 '하지 않는 채용'은 치명적이다. 오늘 인재를 채용하지 못하면 내일의 기회는 없다. 그리고 내일 마주하게 될 위기를 이겨 낼 힘도 없다.

채용은 세상의 변화에 따라 진화해야 한다

생존은 단순히 환경에 적응하는 것이 아니라 환경의 변화를 먼저 감지하고 그의 일부가 되는 진화에서 시작한다. 기업에서 그 시작은 바로 '채용'이다. 변화가 밀려오고 있음을 먼저 감지하고, 그에 반응할 수 있는 새로운 유전자, 즉 새로운 인재를 조직 내부에 흡수하는 것이야말로 기업이 가장 빠르게 할 수 있는 진화의 형태이다.

생물은 진화를 위해 돌연변이를 받아들인다. 돌연변이는 위험하지만 위험 없이는 생존 자체가 불가능하다. 조직도 마찬가지다. 지금의 인재만으로 현재를 유지할 수는 있지만, 내일의 기회를 만들고 위기를 극복하는 것은 언제나 외부에서 들어와 자리를 잡은 이질적인 존재들이다. 그래서 채용은 기업의 '변화하는 미래를 향한 돌연변이를 통한 진화 과정'이다.

채용은 단순히 사람을 늘리는 게 아니라 기업의 운명을 바꿀 수 있는 DNA를 이식하는 일이다. 마치 정체된 생태계에 외부 종이 유입되면서 생태계 전체가 교란되고, 결국에는 더 복잡하고 강인한 시스템으로 재편되듯이, 한 명의 인재는 정체된 조직의 관성을 깨고, 질문을 만들며,

다른 속도와 방향을 만든다. 그리고 조직은 변화하고 진화한다.

잘못된 채용보다 무서운 것은 '아무 채용도 하지 않는 것'이다. 아무런 돌연변이도 받아들이지 않는 조직은 겉보기에는 안정적일 수 있어도 불확실한 미래로 한 발도 나설 수 없다. 뭔가를 바꾸고 싶지만 아무것도 바꿀 수 없는 조직, 정체된 조직은 언제나 '무사안일의 채용 정지 상태'에서 시작된다.

많은 것이 변했지만 변하지 않는 것이 있다. 결국 기업은 자본과 인간의 결합이며, 채용 없이 기업은 생존할 수 없다는 것이다. 채용은 변하지만 결코 사라지지 않는다. 가장 비싼 쇼핑이지만, 가장 가치 있고 필수적인 투자이기 때문이다. 기업은 새로운 세상에서 생존하기 위해 진화해야 하며, 채용은 그 진화를 위해 존재한다.

세상의 변화에 따라 채용도 진화하고 있다. 변화하는 세상에서 그에 따라 진화한 기업만이 생존하듯이 새로운 방식으로 진화하는 채용만이 그 기업의 안에 남아 있게 된다. 과거의 신입 정기공채가 사라지고, 다양한 수시채용과 인턴십 프로그램이 마치 돌연변이처럼 늘어나는 것은 '채용의 진화'를 보여 주고 있는 것이다. 채용도 이제 스스로의 진화를 위해 새로운 무엇을 갖추어야 한다.

세상과 기업의 변화를 빠르게 감지하고 새로운 채용을 시도하는 기업은 차별화된 인재를 얻게 될 것이며, 새로운 채용의 변화를 이해하고 그 여정을 향해 먼저 발을 내딛는 지원자는 원하는 커리어를 얻게 될 것이다. 이제 세상의 변화를 마주하며 위협과 기회를 가려내고 앞으로 나가야 할 시간이다. 그 길은 수시채용에 있다.

취업 실전 가이드 1

수시채용 시대, 취업준비생의 실전 전략

    수시채용 시대는 정기공채에 익숙했던 기존의 취업준비생들에게 일종의 위기와도 같다. 정해진 채용 시즌에 맞춰 여러 스펙을 준비하고 자기소개서를 작성하면서 인적성검사와 면접을 연습하는 기존의 방식이 통하지 않는 수시채용은 그야말로 취업의 위기라고 부를 만하다. '위기'라는 단어에 항상 따라붙는 '기회'라는 단어는 취업에서도 마찬가지다. 누군가에게는 위기인 상황이 누군가에게는 기회가 되기도 한다.

    2025년 3월 채용 플랫폼 '사람인'의 취업준비생 대상 설문조사 결과를 보면 취업준비생 10명 중 6명은 오히려 수시채용을 기존의 정기공채보다 선호하는 것으로 나타났다. 가장 큰 이유는 특정 시기에 몰리지 않고 지원이 가능하기 때문이었다. 언제든 취업에 도전할 수 있고, 본인이 지원하는 기업과 직무의 채용 공고 경쟁률이 기존보다 높지 않을 것이라는 기대도 있었다.

실제로 수시채용을 실시하면서 기존의 정기공채보다 단일 공고 기준 지원자 수가 줄어든 것은 사실이다. 물론 채용 인원도 함께 감소하면서 경쟁률이 크게 낮아졌다고 보기는 어렵지만, 과거와 같이 한 시기에 채용 공고가 몰리면서 입사지원과 면접의 물리적 기회가 제한되었던 것에 비하면 분명히 눈여겨볼 대목이다.

취업의 성공은 절대적인 채용 규모와도 연관성이 높지만, 결국 상대적인 경쟁 결과와 연결된다. 수시채용 시대에도 결국 상대적으로 경쟁력이 있는 인재가 취업에 성공한다. '위기'를 '기회'로 만들 수 있는 방법을 알아야만 수시채용의 시대를 헤쳐 나갈 수 있다.

✅ 취업과 이직은 타이밍이다

과거 정기공채 시절에 신입사원 모집 공고의 기간은 대부분 2~3주로 어느 정도 여유가 있었다. 하지만 수시채용에서 공고는 10일에서 짧으면 1주 만에 마감되는 경우가 많아졌다. 이제 채용 시장을 관찰하는 주기가 점점 짧아져야 한다는 것을 의미한다.

자신이 원하는 기업과 직무의 채용 공고가 나오는 시기를 수시로 예측하고 준비해야 한다. 많은 기업이 이러한 예측 가능성을 높이기 위해 수시채용 시대에도 매분기, 격월 또는 매월 정해진 시기에 채용 공고를 올리는 활동을 하기 때문에 이 주기를 미리 살펴봐야 한다. LG는 '3, 5, 7, 9 채용'이라는 이름으로 신입사원 채용 공고를 가급적 매년 3, 5, 7, 9월에 묶어서 내놓았다.

희망하는 기업의 여러 보도자료, 홈페이지 등을 통해 동향을 살피고 특정 근무지나 직무의 채용 공고가 올라오는 시기를 어느 정도 예측하는 것도 중요하다.

시장에 대한 분석뿐만 아니라 본인의 역량과 커리어에 대한 분석도 중요하다. 이직의 경우에는 더욱 그렇다. 지금 채용 시장에서 내가 가지고 있는 역량이 어느 정도의 가치를 가지고 있는지를 알아야 한다.

이직에서 가장 중요한 적기는 '현재 조직과 직무에 불만이 있을 때'가 아니라 '내가 채용 시장에서 가장 매력이 있을 때'이다. 내가 어느 직무에서 일정 부분 경력을 보유하였을 때, 내가 보유한 특정 역량이 지금 경쟁자들에 비해 어느 정도 상대적 우위를 가지고 있을 때가 이직의 적기다. 그때를 놓치면 경력이 쌓이고 역량이 깊어진다 해도 시장 가치가 떨어질 수 있고, 너무 이르면 경력의 깊이가 얕아지고 경력이 파편화될 수도 있다.

취업과 이직에서의 타이밍은 '운'이 아니다. 어차피 상대적인 채용 시장에서 그 기회를 먼저 발견하고, 이미 업데이트해 둔 이력서와 포트폴리오를 가지고 있는 사람만이 가질 수 있는 경쟁력이다.

✓ 경험을 기록하여 증거로 만들어라

수시채용의 가장 큰 특징은 기업이 즉시 직무에 배치하여 성과에 기여할 수 있는 인재를 원한다는 점이다. 다시 말해, '성장 잠재력'이 가장 중요했던 기존 공채의 기준이 아니라 '지금 당장 무엇을 할 수 있느냐?'가 훨씬 중요해졌다. 따라서 이력서와 자기소개서 그리고 면접의 내용을 자신의 경험을 단순히 나열하는 수준을 넘어 '내가 이걸 할 수 있다.'는 증거로 구성해야 한다.

경험을 증거로 객관화할 수 있는 가장 빠르고 직관적인 방법은 '숫자'로 표현하는 것이다. 단순히 '인턴 과정에서 SNS 마케팅 활동을 성공적으로 진행했다.'가 아니라, 'SNS 마케팅에 얼마의 비용으로 며칠간 어떤 활동을 통해 팔로워 수를 얼마나 확대했고, 제품 판매는 몇 %가 성장했는지'로 표현해야 한다.

면접전형에서 활용되는 클래식한 기법인 STAR는 경험을 기록하는 과정에도 유용하다. S(Situation) : 어떤 상황/배경에서, T(Task) : 어떤 과제가 주어졌고, A(Action) : 내가 어떤 행동을 했으며, R(Result) : 그 결과 무엇을 성취하고 어떻게 성장하였는지에 맞춰 자신의 경험을 기록해 두는 것이 필요하다.

이때 반드시 크고 화려한 경험만 필요한 것은 아니다. 해외 연수나 교환학생, 대기업의 인턴, 기업과의 산학협력과제와 같이 그럴싸한 경험이라고 해도 구체적인 본인의 행동이 없다면 자신을 증명하는 경험이라고 할 수 없다. 학교에서의 작은 과제, 짧은 아르바이트, 봉사 활동 에피소드라 하더라도 본인의 경험이 구조적으로 잘 정리되어 있다면 그것이 훨씬 가치 있는 증거가 될 수 있다.

실패도 증거가 된다. 비록 성공이 아니라도 실패의 과정에서 무엇을 했고, 실패의 이유를 분명히 인지하며 실패를 통해 무엇을 배웠는지를 설명한다면 그 자체를 자신의 또 다른 강점을 부각하는 증거로 활용할 수 있다. 당시 어떠한 과제에서 이러한 이유로 실패를 했고, 다시 그런 과제를 맡게 된다면 이번에는 그러한 실패를 겪지 않기 위해 어떻게 할 것이라는 계획과 함께 이를 위해 그때부터 무엇을 준비하였는지 설명할 수 있다면 작은 성공보다 오히려 실패가 더 큰 가치가 될 수 있다.

✅ 정기공채는 개인전, 수시채용은 팀전이다

정해진 시기에 매년 동일하게 올라오는 채용 공고에서는 수많은 지원자가 각자의 이력서와 포트폴리오를 들고 면접장에 들어서서 경쟁을 펼쳤다. 수시채용의 시대에는 채용 공고를 찾는 것도 혼자 하기 어려워졌다. 때로는 내부 구성원의 추천을 통해 입사 지원을 하기도 하고, 특정한 이벤트나 채널을 통해 모집하기도 한다. 함께 일할 후배를 직접 구하기 위해 링크드인에 채용 공고를 업데이트하는 경우도 많아졌다.

이력서와 자기소개서를 작성하고 면접을 준비하는 과정에서 다양한 방식으로 조언을 해 주고, 유사한 고민을 함께 나누며 아이디어를 일깨워 주는 네트워크를 가지고 있다면 과거와 같이 혼자 취업을 준비하는 지원자에 비해 훨씬 유리하다.

네트워크를 구축할 수 있는 방법은 다양하다. 함께 유사한 업종과 직무를 준비하는 지원자들, 이미 취업한 선배들뿐만 아니라 다양한 온라인 플랫폼을 통해서도 얼마든지 네트워크를 구축할 수 있다. 나 역시 이따금 링크드인을 통해 자문을 구하는 취업준비생들의 연락을 받기도 한다. 특히 HR, 그중에서도 채용 직무에 관심을 가지고 있는 취업준비생들의 연락을 받기도 하는데 빠짐없이 회신을 하고 있다. 그 역시 나에게도 소중한 네트워크이기 때문이다.

수시채용의 시대에는 지금의 경쟁자도 어느 순간 동료가 될 수 있다. 가볍고 짧은 네트워크를 두려워하지 말고 끊임없이 확장해 나가는 노력이 필요하다.

✅ 기다리지 말고 퍼스널 브랜딩으로 기회를 만들어라

채용은 이제 전통적인 채용 공고를 통한 모집과 선발을 통해서만 이루어지지 않는다. 점점 직무가 세분화되고 그 세분화된 직무를 수시채용을 통해 모집하면서 인재가 갖추어야 할 역량이 구체적으로 명확해지고 있다. 그 직무를 잘할 수 있는 인재는 결국 정해져 있고, 그 인재는 단순히 몇 줄의 채용 공고나 몇 페이지의 이력서로 찾거나 선발하기 어렵다.

이제는 자기 스스로를 브랜딩하고 드러내야 한다. 개인 블로그나 학회에서의 발표 자료, 다양한 온라인 플랫폼에서의 활동 등 자신을 특정한 영역의 인재로 뾰족하게 브랜딩하는 기술이 필요하다. 이는 단순히 '채용 공고를 기다리고 둘러보는 것'이 아니라 '스스로 나를 시장에 던지는 것'이다. 이러한 인재에게 수시채용은 오히려 무한한 기회의 장이 될 수 있다.

✅ 긴 호흡으로 당당하게 맞서라

수시채용의 시대에 지원할 수 있는 기회가 많다는 것은 실패할 수 있는 가능성도 많다는 것을 의미한다. 실제로 취업에 실패한 숫자도 많아지고, 채용 시기도 길어졌다. 중요한 것은 실패의 기간이 아니라 실패를 통해 배우고 계속 도전하는 것이다.

채용 공고는 불시에 몰려서 나오기도 하지만, 수개월이 지나도록 잠잠할 수도 있다. 따라서 일희일비하지 않는 멘탈 관리와 긴 호흡이 필요하다. 장기적인 커리어 비전을 세워두고 단기적인 성과에 초조해하지 않아야 한다. 실패는 '실패'가 아닌 '경험'으로 남겨야 한다. 왜 실패했는지를 인지하고 개선해 나가는 여정이 필요하다. 장기전에서 누군가가 포기하고 좌절한다면 결국 다른 누군가의 성공률이 높아진다.

수시채용의 시대에 실력이 있는데도 취업이 되지 않는 인재가 있다는 것은 기업도 잘 알고 있기 때문에 비록 취업 실패의 경험이 있다고 해도 그것을 문제로 삼는 기업은 없다. 그러니 취업준비생이 당당하지 않을 이유가 없다.

과거 정기공채는 준비된 트랙 위에서 동시에 출발하는 달리기 시합이었다면, 수시채용은 예측 불가능한 파도가 몰아치는 바다 위에서의 서핑 보드 경기와 같다. 언제 시작될지, 어떻게 끝날지 알 수 없는 혼돈이지만 누군가에게는 무한한 기회의 장이 되기도 한다. 그 타이밍을 예측하여 준비하고, 경험을 기록한 증거로 무장하며, 폭 넓은 네트워크를 활용하고, 자신만의 브랜드를 구축하여 긴 호흡으로 맞서는 누군가에게는 거친 파도야말로 더 높이 뛰어오를 발판이 될 것이다.

CHAPTER 2

기업이 원하는 인재

정기공채가 폐지되고 수시채용이 확대되면서 신입 취업준비생들은 걱정이 커졌다. 기업들은 수시채용에 따라 채용의 기회가 더 많아질 것이라고 말했지만, 결국 전체 채용 규모가 줄어들고 특히 신입 채용의 비중이 크게 줄어들 것이라는 우려가 많았다. 그리고 그 우려는 현실이 되었다.

2024년 한국노동연구원의 보고서 「공채의 종말과 노동시장의 변화」에서는 경력 채용 비중이 신입 채용 비중을 넘어섰다고 밝혔다. 실제로 수시채용이 본격적으로 확대되기 이전인 2019년에는 신입 채용 비중 47%, 경력 신입직(입사 후 조기에 퇴직하여 타사에 신입으로 입사) 비중 11.6%, 경력직 비중 41.4%였는데, 수시채용 전환이 본격화된 2023년에는 신입 채용 비중은 40.3%로 줄어든 반면 경력직 채용 비중은 46.1%로 늘었다. 실제 기업 실무 현장에서 느끼는 경력직 채용 비중의 확대는 더 크다.

과거 대기업은 경력보다 우수한 신입 채용의 규모를 중요하게 여겼다. 성장 잠재력이 뛰어난 인재를 채용하고 그 기업의 실무에 맞는 인재로 육성하여 리더까지 만들어 내는 것이 하나의 정석과 같았다. 매년 채용 인원의 70~80% 이상을 신입으로 채웠지만 이제 상황이 달라졌다.

이처럼 경력 채용 비중이 높아진 것은 전반적인 채용 규모가 줄어들었기 때문만은 아니다. 산업 환경 변화 그리고 이를 대응하기 위한 HR 전략의 변화에서 그 이유를 찾아야 한다.

과거 신입을 기수별로 대규모로 채용하여 육성했던 것은 미래의 산업 환경 변화를 기업 내부에서 준비하여 대응하는 것이 가능했기 때문이다.

당시 신입사원은 최소 몇 개월간의 교육 과정을 거쳤고, 도제식으로 멘토가 붙어 기본적인 육성이 된 이후에 업무를 배정받았다. 내부에서 육성된 인재들로도 충분히 미래를 대응할 수 있었고, 그 인재들의 성장을 기다려줄 수 있는 여유도 있었다. 실제로 디즈니는 기존의 브랜드를 지속 강화하는 형태의 사업을 운영하면서 직원을 태도에 따라 채용하고 내부에서 기술을 교육하는 'Hire for Attitude, Train for Skill' 인사철학을 여전히 고수하는 것으로 유명하다.

하지만 산업 환경 변화의 속도는 점점 빨라지고 그 방향과 대상을 예측하기 어려워졌다. 아침에 세운 계획을 저녁에 수정해야 하는 긴박한 상황에서 신입사원을 장기간에 걸쳐 육성하는 것은 비용이나 시간 면에서 손실일 뿐만 아니라 기껏 역량을 육성한다고 쳐도 그것이 정말 미래에 필요한 것인지 그 누구도 장담하기 어렵다.

2022년 기준 신입사원의 1년 이내 조기 퇴사자 비율이 28.7%로 계속 높아지는 것도 신입사원 육성이 쉽지 않은 이유이다. 이직에 대한 가치관의 변화에 기업의 경력직 선호가 더해지면서 다양한 경력 포트폴리오를 위해 이직은 필수가 되고 있는데, 기껏 신입사원을 육성해 봤자 그 성과는 결국 다른 기업이 가져갈 게 뻔하다 보니 신입사원 육성은 더욱 소원해졌다.

게다가 최근 교육을 위한 콘텐츠와 채널이 매우 다양해지고 용이해졌다. 다양한 온라인 채널에 AI까지 더해지면서 매우 유연하고 편하게 교육을 제공할 수 있을 뿐만 아니라 구성원 스스로도 자기계발이 가능해졌다. 지금의 젊은 구성원들에게는 어린 시절부터 '자기 주도 학습'이 익숙한 개념이다. 전 세계 e-러닝 서비스 시장 규모는 2024년에 약 2,996억 7,000만 달러로 추정되며, 2030년에는 8,426억 4,000만 달러까지 폭발적으로 성장할 것이라는 전망은 기업의 인재 육성 정책 변화로 이어진다. 신입사원을 바닥부터 하나씩 가르치는 것보다는 기존의 구성원들이 새로운 영역의 역량을 스스로 키워 가는 것이 더 빠르고 효과적일 수 있다.

결국 신입 채용이 줄어들면서 새로운 방식의 경력 채용이 등장했다. 과거의 경력 채용에서는 생각하지 않았던 영역들이 재조명되면서 새로운 경력 채용의 흐름을 가져오고 있다.

STEP 03

경력의 확장 1 :
중고신입 대신 또는 주니어 탤런트

과거 경력 채용에서 대상 인재의 경력 기간은 중요한 기준이었다. 경력 채용 직무 기술서에서 최소 3년 이상 15년 이하의 경력 기간이 가장 흔하게 정해져 있었고, 그 범위를 벗어난 경력 채용은 쉽게 볼 수 없었다. 경력 기간은 선발 전형뿐만 아니라 입사 시 처우 산정에서도 가장 중요한 근거가 되었다.

당시 대부분의 기업에서 최소 경력 기간을 정했는데, 짧은 경우는 2년, 길면 3년까지의 기간을 넘어야만 경력으로 인정받을 수 있었다. 실제로 겨우 3년 미만의 기간만으로는 실무 역량을 쌓았다고 보기 어려웠고, 오히려 적응을 제대로 하지 못한 흠으로 보는 경우도 많았다. 하지만 당시에도 현업 부서에서는 약간이라도 경력이 있는 실무 경력자를 희망하는 경우가 많았고, HR는 최소 경력 기간의 기준을 세우고 신입과 경력을 엄격하게 구분하여 관리했다.

이렇다 보니 입사자의 경력 기간이 기준보다 짧은 경우, 경력이 있음에도 이를 인정받지 못하고 신입사원으로 입사를 해야 했다. 그래서 붙여진 별칭이 '중고신입'이다. 신입은 신입이지만 사회생활이 처음은 아니라는 의미였다. 하지만 이제 '중고신입'은 과거의 용어가 되었다. 그동안 쓸모없는 것을 넘어 커리어의 흠으로 여겨졌던 짧은 경력 기간이 그 가치를 서서히 인정받기 시작했다.

경력은 기간보다 밀도가 중요하다

최근 들어 기업들은 오랜 기간 고수되어 온 최소 경력 기간의 기준을 허물기 시작했다. 불과 1년의 경력만 갖추었더라도 그 기간을 인정하여 경력사원으로 채용했다. 경우에 따라서는 오히려 적극적으로 주니어급의 경력사원을 채용하기 위한 전략을 펼쳤다. SK하이닉스의 주니어 탤런트 전형과 삼성전자의 주니어 SW 채용이 바로 그런 프로그램들이다.

주니어 탤런트직의 채용은 신입 정기공채의 축소, 수시채용 확대의 흐름과도 잘 들어맞았다. 기업은 내부에 적당한 업무 체계와 전문가들이 갖추어져 있는 조직에서 결원이 발생할 때 주니어 탤런트를 채용함으로써 짧은 육성 기간을 거쳐 빠르게 성과에 기여할 수 있게 되었다.

실제 모집과 전형 프로그램은 단순하다. 과거와 다르게 경력 기간이 얼마가 되었든 그 경력을 그대로 인정하여 경력직으로 채용하면 된다. 특히 경력이 짧은 3년 미만의 주니어 탤런트를 별도의 전형까지 만들어 적극적으로 모집한다.

왜 기업들은 짧은 경력을 가진 주니어 탤런트를 찾을까? 몸이 무거워진 경력사원보다 채용에 들어가는 비용과 부담이 덜하고, 신입보다 나은 점이 여러모로 있기 때문이다. 지원자도 오히려 경력 기간이 짧을수록 더 밀도 있는 경험으로 본인의 강점을 매력적으로 어필할 수 있으니 전형 과정에서도 더 유리해진다.

경력보다 가볍지만 신입보다 강하다

일단 신입에 비해 충분히 육성된 맞춤형 인재라는 점이 가장 큰 차별점이다. 짧은 기간이기는 하나 기업의 물리적 환경과 시스템뿐만 아니라 동료 관계, 조직 문화, 일하는 방식을 이미 경험했으며 체계적인 신입사원 교육과 기본 실무 교육도 마쳤다. 실제로 판교의 여러 신생 IT 기업은 상대적으로 체계적인 신입사원 육성 프로그램을 가지고 있는 전통적인 대기업의 저근속 신입사원을 공격적으로 채용함으로써 신입사원 교육에 필요한 비용과 인력을 줄일 수 있었다.

이런 변화의 배경에는 빠른 이직 트렌드가 있다. 먼저 채용시장에 우수한 주니어 경력자들이 넘쳐나는 상황이고, 그들은 단순히 과거와 같이 조직 적응에 실패한 주니어가 아닌 스스로의 경력 포트폴리오를 주도적으로 만들어 가는 인재라는 인식도 한몫했다.

상대적으로 이미 기업 실무와 조직을 경험한 이들이다 보니 신입에 비해서는 다시 이직할 확률은 높지 않다. '이미 한 번 이직했던 사람인데, 다시 이직하는 게 쉽지 않을까?'라는 전통적인 인식은 틀렸다. 이직을 통해 본인의 경력 포트폴리오에서 잦은 이직이 결함이라는 것을 잘 알고 있다. 그렇기에 이직은 더욱 신중하게 진행되고 책임감과 의지는 더 강해진다.

실제로 주니어 탤런트를 채용하는 한 담당자는 주니어 탤런트의 채용 이유를 다음과 같이 설명했다.

"신입사원이 입사하면 낯선 근무 환경에 적응하지 못하고 퇴직을 하는 반면에 이미 우리 회사와 비슷한 환경에서 근무를 해 본 주니어 탤런트는 훨씬 더 쉽게 적응하며 기존의 신입 입사자들보다 더 높은 로열티와 네트워크를 가지는 경우가 많습니다."

신입 정기공채가 수시채용으로 전환되면서 신입 채용의 비중이 줄어들고 경력 채용이 늘고 있다. 경력 채용에서도 주니어 경력이 큰 비중을 차지하고 있으며, 앞으로도 주니어 경력의 가치는 점점 높아질 것이다.

주니어 탤런트 채용 여정의 필수 요소는 '확신'이다

주니어 탤런트는 이제 많은 기업의 중요한 채용 채널로 자리 잡고 있다. 그들을 채용하고 궁극적으로 그들의 동기를 최대한 끌어올려 보다 쉽게 조직과 직무에 적응하고 빠르게 성과를 만들어 내기 위해서는 일반적인 경력직과 다른 그들만의 여정을 이해해야 한다.

주니어 탤런트는 생애 첫 취업을 이룬 감격의 순간으로부터 불과 수년이 지나지 않아 이직을 결정한 경험을 가지고 있다. 첫 회사에 입사 지원을 하는 것보다 어려운 것이 퇴직원을 제출하는 것이다. 불과 1년 남짓의 짧은 기간이지만 선배들과 여러 가지 경험을 공유하며 만들어진 관계에서 퇴직을 하는 것은 매우 부담스러울 수밖에 없는 일이다.

실제로 퇴직 면담 과정에서 종종 눈물을 글썽이는 사원들을 보면 아무리 세상이 변했다 한들 사람 사이의 관계에서 이별의 순간은 여전히 안타깝고 슬프면서도 서럽고 미안함이 뒤섞인 복잡한 감정을 불러일으킨다는 것을 느끼게 된다. 그럼에도 불구하고 그들이 어려운 결심을 하고 또 다른 회사의 면접장으로 들어서는 이유는 분명한 기대감이 있기 때문이다.

일반 신입사원이 입사 지원을 할 때 회사로부터 얻고자 하는 것과 주니어 탤런트가 이직을 결심하면서 회사로부터 얻고자 하는 것은 다르다. 주니어 탤런트는 이미 첫 회사에서 회사가 나에게 줄 수 있는 것과 줄 수 없는 것이 무엇인지 알게 되었고, 이를 바탕으로 본인이 원하는 것이 무엇인지를 구체적으로 그릴 수 있게 되었다. 그래서 이직하는 회사를 통해 본인의 목표가 더 명확해지고, 그것을 얻을 수 있을 것이라는 기대감이 지금의 회사와 동료들에 대한 미안함과 아쉬움을 극복할 수 있어야만 이직을 결심할 수 있다.

인크루트의 최근 조사(2025. 5. 14.)를 보면 조기 퇴사한 신입사원의 평균 근속 기간은 1~3년이 60.9%로 가장 많다. 이는 주니어 경력 채용의 주된 대상과 일치한다. 가장 주된 이직 사유가 '직무 적합성 불일치(58.9%)'로 나타난 것은 스스로의 커리어에 대해 갈망이 크다는 것을 보여 준다. 그렇기 때문에 주니어 탤런트를 채용하기 위해서는 채용 과정에서 분명한 기대감을 구체적인 확신으로 바꿔 주어야 한다.

그들이 이직하려는 이유가 무엇인지 명확하게 파악해야 한다. 그것이 보상이라면 구체적인 금액을 알 수 있게 해 주어야 하고, 특정 업무 경험과 성장이라면 그 업무를 제대로 할 수 있는 환경을 보여 주어야 한다.

그들에게는 신입 채용에서 쓰는 화려한 홍보 문구와 안내 자료들이 전혀 매력적이지 않다. 그들이 현재 다니는 회사보다 어떤 점이 더 뛰어난지, 연봉은 몇천만 원, 몇백만 원이 더 높은지, 출퇴근 시간은 몇 분이 더 짧아지며, 평균 연장 근로는 얼마나 적은지 등을 구체적으로 알려 주어야 한다. '일을 통한 성장'을 원하는 이들에게는 그들이 원하는 업무를 할 수 있는 조직이 있고, 그 일을 함께 하며 배울 수 있는 팀원들이 몇 명 있으며, 그 일을 잘하면서 성장할 수 있는 포지션으로 가지고 있는 것을 보여 주어야 한다.

그들이 원하는 것과 함께, 한편으로는 그들의 불안을 이해하고 안심시켜 주어야 한다. 신입 채용과 달리 주니어 탤런트는 이미 경험해 본 면접 자리에서 더욱 능숙하고 여유로워 보인다. 하지만 그들의 마음 깊은 곳에 있는 불안감은 오히려 신입으로 면접장에 들어설 때보다 더 크다. '두 번째 회사에서 실패하게 되면 내 경력은 이제 완전히 망가지는 것이 아닐까? 첫 회사에서의 익숙함을 버리는 것은 어리석은 짓이 아닐까? 내가 가진 짧은 경험이 두 번째 회사에서 어떤 도움이 될 수 있을까?' 같은 두려움은 면접 합격 이후에도 이직을 망설이게 되는 이유가 되기도 한다.

채용 전형 과정에서 그들의 잠재 역량과 경력을 제대로 검증하고 평가하는 것이 중요하다. 동시에 그들의 불안감을 낮추어 주는 활동이 필요하다. 채용 전형 과정에서 당신의 짧은 경험은 우리에게 매우 유용하며, 우리는 분명한 업무와 좋은 동료들을 통해 당신을 더 성장시켜 줄 것이라는 메시지를 전해 주어야 한다.

주니어 탤런트 채용 여정에서는 그들의 기대감을 확신으로, 불안감을 안심으로 바꾸는 것이 중요하다. 그들은 여전히 신입에 가까우면서도 짧은 기간의 경험을 통해 직업에 대한 가치관이 구체적으로 굳어지기 시작했고, 그에 따라 기대감과 불안감도 더 뚜렷해졌기 때문이다.

두 번째 직장은 어떻게 준비해야 할까?

이직에 대한 경직성이 과거에 비해 낮아졌다고는 하지만 여전히 많은 취업준비생은 첫 취업에 의미를 부여한다. 본인 커리어의 한 부분으로서뿐만 아니라 가족과 지인들이 납득할 수 있는 수준의 기업인지를 더 중요하게 생각한다. 그러다 보니 원하는 기업에 취업하기 전까지 대학을 졸업하고도 경력의 공백을 둔다거나 졸업을 수차례 유예하는 경우가 비일비재하다. 지금 시대에 과연 그것이 올바른 방법이 될 수 있을까?

한 개인의 전체 커리어에서 직업을 바꾸는 것은 쉽지 않아도 직장은 수차례 바꾸게 된다. 모든 기업과 개인이 인정하는 사실이며, 실제로 그 현상은 가속화되고 있다. 대기업이나 유명한 기업이 아니라도 스스로 원하는 꿈을 향한 여정의 첫 시작으로서 의미 있는 일과 동료들이 있다면 충분히 좋은 직장이 될 수 있다. 무지성으로 대기업만 쫓아 공백 기간이 길어진다면 무수한 기회가 하나둘씩 사라지게 된다. 따라서 스스로 큰 꿈과 긴 여정을 생각하며 첫 시작을 다양하게 그려 보는 시도가 필요하다. 그 기회는 생각보다 많다. 시작은 빠를수록 좋다.

한 기업에서 커리어를 시작했다면 이제는 그 여정을 기록해야 한다. 일기도 좋고 메모도 좋다. 다만, 그 기록은 영업 정보에 가까운 업무의 성과물이 아니라 스스로의 경험과 성장에 대한 것이어야 한다. 그 기록은 다음 이직을 위한 중요한 재료가 될 뿐만 아니라 지금의 회사에서 나를 더 성장시킬 수 있는 든든한 계단이 되기도 한다. 이는 이직 여부를 고민하는 자신에게 무엇보다도 중요한 판단 기준이 되어 줄 것이다.

전체의 커리어 여정에서 지금의 이직이 무슨 의미인지를 스스로 정의할 수 있어야 한다. 이직을 통해 나는 무엇을 얻을 것이고, 그것은 내 전체 여정에서 무슨 의미와 가치인지를 명확히 말할 수 있어야 한다. 결국 '내가 원하는 것이 무엇인지' 정확하게 안다는 것은 이직을 위한 채용 전형에서 매우 중요한 가치를 가진다. 전형 과정에서 자신이 다른 신입사원들과 차별점을 줄 수 있는 것은 경력의 보유뿐만 아니라 스스로에 대해 명확하게 인지하고 있다는 것이다.

첫 직장에서의 네트워크를 긍정적으로 유지해 두는 것도 중요하다. 최근 경력 채용에서는 과거 리더급이나 중량급 대상으로 하던 평판조회(Reference Check)가 전체 경력직으로 확대되고 있는 추세이다. 결국 나의 이직에서 중요한 평판조회인은 지금 나의 가까운 동료이다. 실제로 대부분 지정된 조회인을 통해 평판을 확인하는 데에도 불구하고, 생각보다 꽤나 공정하고 객관적인 평판조회 결과를 받게 되는 경우가 많다.

향후 전체 커리어 여정에서도 첫 직장에서의 경험은 단순히 역량뿐만 아니라 네트워크 측면에서 중요하다. 첫 직장에서 만들어진 네트워크는 서로의 직장이 수차례 바뀌면서도 계속 유지되고 발전되면서 서로의 커리어 성장에 도움을 줄 수 있다.

영화 「인터스텔라」의 명대사인 "인류는 지구에서 태어났지만, 이것이 지구에서 죽는다는 것을 의미하지 않는다."처럼 처음 커리어를 시작한 회사가 커리어의 전부이자 마지막이 되는 것은 아니다. 중요한 것은 스스로의 커리어 여정이며, 우주보다도 거대한 꿈이다.

STEP 04

경력의 확장 2 :
나이 아닌 역량으로 인정받는
시니어 탤런트

짧은 경력을 가진 주니어 탤런트뿐만 아니라 최근 들어 새로운 계층이 경력 채용의 대상으로 급부상하고 있다. 50세가 넘어가면 서서히 노후를 준비하고, 60세가 되면 직업으로부터 해방되어 그야말로 자유로운 백수로서의 인생을 맞이해야 했던 시니어들이 다시 치열한 직업의 현장으로 복귀하고 있는 것이다.

경력직 채용 대상자의 범위가 주니어 탤런트를 통해 앞부분이 확장되었다면 뒷부분으로는 시니어 탤런트로 확장된 것이라고 볼 수 있다. 2025년 한국경영자총협회의 보고서 「우리나라 노동시장 이중구조 실태와 시사점」에 따르면 대기업 정규직 부문의 고령자(55~59세) 고용은 2004년 4만 2,000명에서 지난해 24만 7,000명으로 492.6%나 늘었다.

이렇게 된 원인 중 하나는 인구 구조의 변화이다. 2024년 기준 출산율 0.7명으로 인구 감소는 피할 수 없는 현실이 되었다. 특히 젊은 층의 인구가 급격하게 줄어들면서 점점 늘어나는 인구는 노년층과 외국인이며, 이들은 곧 노동 인구 감소 시대의 채용의 대안으로 떠오르는 상황이다.

하지만 결정적인 이유는 과거 60대와 지금 60대의 신체적, 정신적 나이가 다르다는 점이다. 지금의 60대는 모든 생산적인 활동을 접기에는 너무 젊다. 그들은 여전히 건강하며 새로운 목표를 갈망한다. 여전히 새로운 것들을 배우고 익힐 수 있으며, 다른 세대와 소통할 수 있다.

많은 60대는 여전히 경제적 자유를 얻지 못하고 돈을 벌어야 하는 의무에서 벗어나지 못하고 있다. 그들에게는 여전히 새로운 즐거움을 위해 많은 소비가 필요하다. 60대는 호기심과 흥미를 가진 '한창 클 나이'가 되고 있다.

시니어의 경험이 필요한 시대다

인구감소 현상과 열정적인 시니어 세대의 등장은 모두에게 동일한 조건이다. 하지만 실제 시니어 탤런트 채용의 배경과 목적은 기업마다 다른 양상을 보인다. 가장 먼저 시작한 시니어 채용은 기술과 정보의 보호가 목적이었다. 특히 반도체와 같은 첨단 IT 제품의 경우, 정년퇴직하는 구성원이 가진 기술과 정보가 경쟁사로 흘러 들어가면 매우 위험한 손실이 될 수 있으므로 일정 기간 자문이나 별도의 계약 형태로 고용관계를 유지하려는 목적이 있었다. 실제로 시니어가 가진 풍부한 노하우는 빠르게 변하는 첨단 IT 산업에서 분명히 도움이 되었다.

과거 내부에서 경력을 쌓아 올린 구성원을 리더로 선임하는 것이 당연했던 문화에서 외부에서 리더급을 적극적으로 영입하여 자리를 맡기는 트렌드의 변화도 시니어 채용 확대에 한몫하고 있다. 급변하는 환경에서 새로운 사업을 리딩하고 남다른 성과를 만들기 위해 필요한 역량은 과거의 조직 안에서 배우고 키우기 어렵다. 결국 단순히 실무 경력뿐만 아니라 깊은 전문성과 관리 역량을 갖춘 시니어 탤런트로 눈을 돌리게 되는 것이다.

풍부한 경험 자체가 다시 주목되면서 최근 많은 신생 IT 기업에서 시니어 탤런트를 채용하는 경우를 종종 보게 된다. 그들이 시니어 탤런트에게 원하는 것은 기술과 직무의 전문성만은 아니다. 한 IT 기업은 대기업 총무팀장 출신의 시니어 탤런트를 영입하고 그동안 갖추지 못했던 대관 네트워크를 원활하게 가져올 수 있었고, 또 다른 IT 기업은 다수의 구성원과 조직을 리딩했던 경험이 풍부한 시니어 탤런트를 영입하고 젊은 구성원들의 다양한 불만을 달래고 잠재울 수 있었다. 이처럼 젊은 인재들이 많은 조직일수록 시니어 탤런트가 기여할 수 있는 부분이 명확하게 있으며, 이는 시니어 탤런트가 채용 시장에서 빠질 수 없는 이유가 되었다.

AI의 등장으로 인해 어린 주니어에 비해 시니어들이 채용 시장에서 불리할 것이라는 전망은 오산이다. AI가 발달할수록 오히려 주니어의 단순하고 반복적인 보조 업무들이 AI로 손쉽게 대체가 되고, 시니어가 가지고 있는 그 분야의 뿌리 깊은 지식과 경험, 즉 도메인 지식(Domain Knowledge)이 AI와 결합되어 차별화된 성과를 만들 수 있게 되었다. 오히려 시니어들의 노하우가 AI라는 날개를 달고 그들의 느린 발걸음 대신 거침없는 비행으로 도약하게 된 것이다.

목적으로 시작하고 팀워크로 완성한다

시니어 탤런트의 채용은 아직 제대로 활성화되었다고 보기 어렵다. 시니어 탤런트의 몸값도 부담인 데다 젊은 세대와 함께 어울리기 어려운 세대관도 여전히 부정적인 이유다. 예전과 다르게 시니어들의 학습 역량이 올라갔다고 해도 젊은 세대와는 차이가 있을 수밖에 없다.

따라서 시니어 탤런트를 제대로 채용하기 위해서는 목적이 명확해야 한다. 어떠한 역할을 부여할 것이며, 조직의 성과에 어느 부분을 언제까지 어떻게 기여할 것인지를 정하고 인재를 선발해야 하며, 선발된 인재와도 충분한 합의를 거쳐야 한다. 그들의 풍부한 경험 중에서 결국 우리가 필요로 하는 경험은 무엇인지를 서로 알고 설명할 수 있어야 한다. 시니어 탤런트는 상대적으로 본인의 업무 경력을 풍부하게 설명할 수 있지만, 반대로 그 경력과 성과의 진실성을 깊게 살펴봐야 할 필요가 있다. 경험이 길다고 해서 밀도가 높은 것은 아니기 때문이다.

기존 구성원과의 팀워크도 중요한 문제다. 기존 구성원들에게 신입사원이나 어린 경력사원을 후배 또는 동료로 받아들이는 것과 본인보다 나이가 많고 경험도 많은 시니어 탤런트와 협력하며 일하는 것은 다를 수밖에 없다. 어쩌면 본인이 걸어가야 할 성장 경로의 한 자리를 가로막고 있는 장애물로 보일 수도 있으며, 실상은 모르는 채 관행에 갇혀 사사건건 발목을 잡는 답답한 기성세대의 한 사람으로 보일 수도 있다. 따라서 구성원들의 반감 없이 조직에 잘 융화될 수 있는 인재인지를 파악하는 것이 매우 중요하다.

시니어 탤런트에 대한 막연한 불안감과 반감은 선발 전형이 정교해지고, 사례들이 늘어나면서 서서히 누그러질 것이다. 시니어 탤런트가 많아지게 되면 그들이 서로 소통하고 협력하는 상황들도 생기게 될 것이며, 이는 곧 시니어 탤런트 채용의 확대로 이어질 것이다. 지금은 경험과 지식이 풍부하고, 조직 적응에 어려움이 없는 인력을 낮은 비용으로 고용할 수 있는 가성비 좋은 채용 방식이지만, 언젠가는 우수한 시니어 탤런트를 채용하기 위한 경쟁 또한 치열해질지도 모를 일이다.

시니어 탤런트 채용 여정의 필수 요소는 '존중'이다

시니어 경력의 반대편에 있는 주니어 경력은 기대와 불안을 확신과 안심으로 바꾸는 여정이 중요하다면, 시니어 경력은 그들의 경험을 존중하는 것으로부터 여정이 시작된다. 그들은 이미 본인을 필요로 하는 직무에 대한 다양한 경험을 가지고 있으며, 그 경험을 통해 굳어진 본인만의 가치관과 기준이 명확하다.

그들에게 서류전형과 면접전형은 그 기업의 기준에 본인을 맞춰 그 정도를 평가받는 것이 아니라 회사의 기준과 본인의 기준을 맞춰 보고 본인이 그 직무를 통해 기여할 수 있는지를 가늠하는 과정이다. 따라서 회사에서 필요로 하는 기준을 제시하고 강요하기보다는 서로가 필요로 하는 것과 줄 수 있는 것을 충분히 공유하고 과거의 경험뿐만 아니라 앞으로의 미래 성과를 함께 논의할 수 있어야 한다.

이 과정에서 그들의 경험과 가치관을 존중하고, 충분히 공감하여 이해하는 것이 필요하다. 이를 통해서만 서로에게 필요한 성과를 가져다줄 수 있는 정확한 선발 전형이 될 수 있으며, 시니어 탤런트의 뜨거운 동기의 온도를 그대로 유지할 수 있다.

시니어 탤런트일수록 채용 전형 과정은 투명하고 공정해야 한다. 모든 채용이 투명하고 공정해야 하지만 시니어 탤런트의 채용에서는 더욱 그러하다. 그 이유는 그들은 이미 기업 조직의 생태와 방식에 익숙하기 때문이다. 그렇기 때문에 불투명하고 불공정한 채용 절차를 의심할 수 있으며, 섣부른 판단으로 자칫 큰 오해를 가져올 수도 있다.

특히 조심해야 하는 것은 '시니어 탤런트는 이런 경험이 많으니까 더 잘 이해해 줄 거야.'라는 안일한 인식이다. 오히려 그들은 그간의 경험으로 그 상황을 빠르게 예측하거나 단정해 버리기 때문에 사소한 오해의 소지도 없어야 한다. 전형 절차와 과정이 어수선할수록 시니어 탤런트는 그 회사의 시스템을 의심하거나 무시하게 된다. 이는 전형 과정에서도, 그리고 입사를 하더라도 그들의 강한 동기를 이끌어 내기 어렵게 만든다.

이처럼 주니어 탤런트와 시니어 탤런트는 똑같은 전형 절차를 진행하더라도 그들이 인식하는 전형 과정의 이미지가 다르며, 전형 과정에서의 경험 또한 다르다. 그것은 그들이 그동안 걸어온 경험의 여정과 이직·재취업을 향한 여정의 동기가 다르고, 그들이 원하는 앞으로의 경험 여정 또한 다르기 때문이다.

어떻게 시니어 탤런트의 역량을 보여 줄 수 있을까?

시니어 탤런트가 다시 기업의 선택지가 되었다고 해서 모든 시니어가 채용의 대상이 되는 것은 아니다. 기업은 시니어 탤런트에게서 단순한 경험이 아니라 현 시점에서 조직이 필요로 하는 역량과 태도를 찾으려 한다. 어떻게 나이를 극복하고 시니어 탤런트로서의 역량을 보여 줄 수 있을까?

시니어 탤런트에게 중요한 것은 경험의 양이 아니다. 그 경험이 지금의 기업과 산업의 상황에 필요한 것인지가 중요하다. 결국 일반적인 경험이 아니라 전환이 가능한 경험(Transferable Experience)이어야 한다. 특정 산업에서 지속적인 성공을 가져온 네트워크, 숙련된 스킬 등을 원하며 이는 즉시 활용 가능한 상태이어야 한다.

이와 동시에 새로운 변화를 적극적으로 받아들이고 익히는 개방성과 학습 민첩성이 필요하다. 이는 새로운 조직에서의 팀워크뿐만 아니라 변화에 빠르게 적응하고 새로운 방식을 활용하는 역량으로 평가받을 수 있다. 기업이 시니어 탤런트를 채용하는 과정에서 가장 우려하는, 조직과 직무에 대한 적응 우려를 불식시킬 수 있는 가장 중요한 방법이다. 다양한 세대와 소통하며 그들을 통해 새로운 방법들을 배우고 활용한 사례들을 보여 주는 것이 필요하다.

아직까지 시니어 탤런트는 아쉽게도 활용 기간이 정해져 있다. 이는 그들이 만들어 낼 성과가 명확하다는 의미이기도 하며, 전형 과정에서 그들이 명확하게 제시할 수 있는 목표가 될 수 있다. 일정 기간 동안 어떤 분야를 책임지고 성과를 만들어 낼 수 있는지, 후배들에게 어떤 지식을 전수하고 시스템을 남길 수 있는지, 그리고 본인의 경력을 '유산(legacy)'으로 조직에 심어 줄 수 있는지까지 제시할 수 있다면 기업의 입장에서 시니어 탤런트 영입의 필요성은 명확해진다.

시니어 탤런트가 입사하는 직장은 그의 마지막 직장이 아니다. 그의 커리어 여정은 여전히 진행 중이며, 그의 성장도 멈추지 않았다. 그의 경력이 더해질수록 그의 이력서에는 여전히 공백이 남아 있다.

STEP 05

경력의 확장 3 :
퇴사 후 재입사하는 부메랑 탤런트

경력직 채용의 대상이 다양해지고 활동이 활발해지는 가장 큰 이유는 '이직'에 대한 구성원 개인, 그리고 기업의 인식이 달라졌기 때문이다. 더 이상 '이직'은 배신이 아니다. 기업은 더 이상 개인의 성장과 미래를 보장하지 않는다. 기업은 불확실한 미래를 마주하는 상황에서 앞으로의 변화에 대응하기 위해 현재의 인재들을 장기적으로 육성하는 것에 소극적일 수밖에 없다. 이러한 상황에서 구성원 개인이 성장하기 위해 때로는 이직이 필수이다.

본인이 스스로 직무의 경험을 선택하는 것은 보다 큰 동기와 에너지가 되고, 스스로의 가치를 키워 나갈 수 있다. 과거의 기업은 계속 성장하며 얼마든지 새로운 조직과 직무, 구성원의 육성 경로를 만들어 낼 수 있었다. 하지만 이제 기업은 지금의 조직과 직무조차 장담하기 어려운 상황이다. 구성원 개인은 자신의 성장을 스스로 설계해야 하며, 그 여정은 반드시 한 기업에서만 그려지지 않을 수 있다.

떠나간 길이 돌아오는 길이 되기도 한다

이직이 더 이상 '배신'이 아닌 요즘, 또 다른 경력 채용의 대상으로 기존의 이직자까지 등장했다. 미국의 HR 솔루션 기업인 ADP는 2025년 3월 기준 미국 기업 신규 채용의 35%가 기존 이직자의 재고용이라는 리서치를 내놓았다. 흔히 멀리 날았다가 돌아오는 '부메랑' 직원이라고도 불리는 퇴직자의 재고용은 가장 까다로운 채용 분야인 IT 업계에서 더 많아지고 있다. 이런 현상은 노동시장이 둔화되고 채용이 신중해지면서 더 많이 늘어날 것이라는 전망이다. 국내 기업도 서서히 이를 받아들이고 있는 추세이다.

사실 많은 글로벌 기업에서 기존 퇴직자의 재고용은 그리 드문 일이 아니었다. 하지만 한국의 전통적인 기업 문화에서 재고용은 금기 사항이었다. 재고용은 분명한 부작용이 있었다. 먼저 기존 구성원과의 형평성을 자칫 깨뜨릴 수 있으며, 구성원의 로열티를 훼손하고 잡아 두어야 할 인재가 이탈하는 불상사를 초래하기도 한다.

과거에 재고용은 배신한 이직자에게 또 한 번의 기회를 주는 불공정 행위이고, 어려움을 함께 이겨 내며 헌신해 온 구성원들의 의지에 대한 부당한 처사라고 생각했다. 더구나 퇴직 이후의 경력을 높게 인정하여 기존 구성원보다 높은 처우를 받는 재고용자가 등장할 경우, 조직에 대한 큰 배신감이 들 수 있었다. 하지만 이제 이직에 대한 인식이 바뀌면서 조직에 필요하고 구성원들에게 도움이 되는 인재라면, 그가 자신의 경력 개발을 위해 회사를 버리고 떠났던 배신자라 하더라도 받아들이는 것을 고려하게 되었다.

실제로 재고용은 기업에 효과가 좋은 경력 채용의 수단이 되고 있다. 다른 경력직에 비해 이미 직무 역량뿐만 아니라 일하는 방식, 조직 문화, 내·외부의 네트워크까지 갖추고 있어 즉시 당면한 문제의 해결과 성과에 기여할 수 있다. 또 퇴직 이후의 경험은 내부에서 갖출 수 없는 차별화된 역량을 더해 한 차원 높은 퍼포먼스를 기대할 수 있게 되었다. 신입사원을 채용하여 육성하기보다는 소수의 제대로 된 인재를 채용해야 하는 상황에서 이런 맞춤형 인재를 마다할 이유가 없어진 것이다. 게다가 이직을 배신으로 생각하는 인식은 이미 구세대의 것이 되어 버렸다 보니 기존 구성원들의 눈치를 살필 이유도 없다.

실패하지 않는 퇴직자 재고용의 기준

하지만 여전히 퇴직자의 재고용은 조심스러울 수밖에 없다. 내부 구성원들이 이직했던 사람에 대해 이미 알고 있는 상황에서는 재고용의 기준이 명확하게 수립, 적용되어야만 구성원들의 부작용을 막을 수 있다.

먼저 과거에 우리 회사를 퇴직한 사유와 현재 회사로부터 이직하려는 사유를 살펴봐야 한다. 우리 회사를 퇴직한 사유가 지금 우리 회사에서 여전히 문제가 되는 부분이라면 재고용 이후에도 또 한 번의 이직을 막지 못할 것이며 조직과 직무에 몰입하여 성과를 내는 것도 어렵게 될 것이다. 현재 회사로부터 이직하려는 사유도 우리 회사에서 해결 가능한지를 함께 살펴봐야 한다.

퇴직자 재고용 검토 기준

항목	검토 사항	내용
직무 전문성	Domain Knowledge	재직 기간 최소 0년 이상으로 사업, 직무 특성에 대한 전문성 보유
	재직기간 성과	성과 평가, 역량 평가, 동료 평가 및 본인 주도의 성공 체험 및 사업 성과 기여 사례, 포상 경험 여부
	직무 역량/자격	직무와 관련된 역량(기술, 어학, 고객 네트워크 등), 자격증 보유 및 핵심 인재 여부
조직 문화 적합성	조직 내 관계	구성원(상사/동료) 신뢰도/평판, 업계평판(고객사, 협력사 등)
	퇴직 사유/과정	조직 내 불화/부적응/징계 등 퇴직 과정의 부적절한 행동 여부
	재입사 희망 사유	이직 조직에서의 부적응/실패 요인, 단순 개인 편의(출·퇴근 거리, 보상, 육아 등)를 위한 이직인지 여부
기대 역할 및 성과	활용 직무 중요도	핵심 사업 및 필수 기능에 기여할 수 있는 핵심 직무인지 여부
	기대 성과	기존 구성원/외부 경력직 채용으로 대체하기 어려운 특정 역량으로 차별적인 성과 창출 가능 여부

우리 회사에서 재직했던 당시의 성과와 동료들의 평판도 확인해야 한다. 그의 직무 역량을 가늠할 수 있는 매우 중요한 근거이면서도 입사 이후 내부 구성원들과 조화롭게 협력할 수 있을지를 알아볼 수 있기 때문이다.

퇴직자를 재고용하여 어떤 직무를 맡기고, 어떤 성과를 예상할 수 있는지 명확하게 정의할 수 있어야 한다. 일반 경력직과 달리 그에 대한 정보는 이미 차고 넘친다. 그래서 그가 어떤 직무에서 어떤 성과를 만들어 낼 수 있을지 쉽게 예측할 수 있다. 그 예측된 성과가 기존의 구성원 또는 외부 경력직으로는 만들어 내기 어려운 것일 때 비로소 퇴직자의 재고용이 합당한 이유를 가지게 된다.

퇴직 이후 어떠한 경험을 통해 어떤 역량이 더해졌는지도 중요한 고려 사항이다. 그 역량이 내부 구성원들의 그것과 분명한 차별점이 있다면 그것을 고려한 직무 배치와 보상을 고민해야 한다.

퇴직자 재고용의 필수 조건은 '약속'이다

재고용을 향해 걸어오는 기존 퇴직자의 여정은 일반 경력직의 채용 여정과 다르다. 그들은 이미 회사를 알고 있으며, 그 안의 여러 문화와 방식을 깊게 이해하고 있다. 그들에게 중요한 것은 감정적인 설득이나 공감이 아니라 명확한 기대 역할이다. 다시 조직으로 복귀하는 그들은 그 누구보다도 빠르게 조직에 적응하여 성과를 만들기 원한다.

그 성과는 그들의 재고용을 정당화할 뿐만 아니라 가장 빠르게 다시 본래의 자리로 합류하는 방법이기도 하다. 약속된 성과를 만들어 냄으로써 자신이 잘 알고 있는 경로에 따라 성장할 수 있을 것이라는 생각이 그들을 돌아오게 만든다. 따라서 본인이 맡아 주어야 할 업무와 만들어 내야 할 성과를 명확하게 공유하여야 한다. 그 내용이 구체적일수록 그들은 더 안심하고 안정적으로 자신의 자리로 돌아올 수 있다.

여기에 한 가지를 더한다면 퇴직자를 보내는 순간에도 다시 만날 수 있다는 것을 염두에 두고, 그의 결심을 존중하고 이해하며 세련되게 이별하는 노력이 필요하다. 퇴직하는 상황에서 그를 '배신자'로 낙인찍는 순간 더 이상 그 조직은 그와 그의 네트워크를 통한 성장의 기회를 잃게 된다.

　무엇보다도 퇴직자의 재고용을 위한 내부 기준을 명확하게 만들어 두는 것이 필요하다. 구체적인 기준을 만들고 이 기준에 따라 재고용을 진행해야만 내부 구성원들에게도 공정성을 설득할 수 있고, 퇴직자 또한 당당하고 편안하게 재고용의 절차를 진행할 수 있다. 떠나는 길이 힘든 만큼 돌아오는 길도 힘들기에 그 길을 선명하게 보여 주는 것이 중요하다.

STEP 06

경력 같은 신입 : '스펙'보다 '경험'으로 채용한다

경력 채용의 비중이 늘어나면서 신입 채용의 인원은 줄어들었다. 그럼에도 불구하고 여전히 그 좁은 취업의 문을 여는 신입 지원자들이 있고, 기업들은 신입사원 채용 프로그램을 강화하고 있다. 수시채용의 시대에 기업은 육성이 필요한 인재가 아니라 즉시 직무에 배치되어 성과를 만들어 낼 수 있는 인재를 원한다. 그렇기에 신입 채용도 과거와 같이 육성 대상이 아닌, 바로 한 사람의 몫을 해낼 수 있는 '경력 같은 신입'을 확보하기 위해 운영되고 있다. 수시채용의 시대에 과연 기업은 어떤 신입을 원할까?

기업이 원하는 신입의 조건

AI 활용 및 글로벌 역량

신입은 기존 조직의 구성원들과 외부 경력직들과의 차별화된 경쟁력을 가져야 한다. 과거에는 성장 잠재 역량과 함께 우수한 전공 기반의 인지 역량을 원했으나 이제는 이것만으로는 부족하다. 기업이 직면한 문제를 풀어 갈 수 있는 역량이 요구되는데 바로 AI와 글로벌 역량이다. 경험과 직관에 의존했던 기존 세대에 비해 AI에 익숙한 세대이기에 AI를 활용하여 빠르게 정보 수집, 분석, 의사결정을 할 수 있다는 점은 큰 경쟁력이다.

대부분의 기업 조직에서 챗GPT와 같은 생성형 AI, 데이터 분석 툴, 자동화 시스템은 이미 업무 일상이 되었다. 따라서 AI 활용 역량과 경험이 우수한 신입사원은 보다 빠르게 조직과 업무에 적응할 수 있다. 또한 기업에게 글로벌 협업은 선택이 아닌 생존 조건이 되고 있다. 이런 상황에서 구성원에게는 단순히 영어를 잘하는 것을 넘어 다양한 문화권의 동료와 원활히 협업할 수 있는 소통 능력, 글로벌 시장에 대한 이해, 그리고 다문화적 환경에서의 유연성이 요구된다.

기존 세대가 국내 중심 업무에 익숙했다면 신입 세대는 학창 시절부터 교환학생, 해외 인턴십, 국내 외국인 유학생들과의 협업, 글로벌 프로젝트 경험 등을 통해 이미 글로벌 무대를 경험할 수 있다. AI 활용 능력과 글로벌 역량은 따로 떨어진 것이 아니라 서로를 강화한다. 예를 들어, AI 기반 번역·협업 툴을 활용해 시차와 언어 장벽을 극복하고, 글로벌 데이터 분석을 통해 해외 시장 전략을 제시할 수 있다. 이는 기존 세대가 따라가기 힘든 신입 지원자만의 차별적 경쟁력이다.

학습 민첩성

학습 민첩성은 새로운 상황에서 빠르게 배우고, 그 지식을 적용해 성과를 만들어 내는 능력을 말한다. 단순한 기억력이나 성실함을 넘어 처음 겪는 문제를 해결하는 창의적 접근과 새로운 환경에 대한 빠른 적응력이 핵심이다. 요즘의 신입 지원자들은 학창 시절부터 온라인 학습, 유튜브 튜토리얼, MOOC 등을 활용하며 자기 주도 학습이 익숙하기에 새로운 툴이나 시스템을 접할 때 두려움보다 호기심이 크다.

프로젝트 수업, 교환학생, 인턴십 등 짧은 기간에 다양한 경험을 쌓아온 세대여서 '빠르게 적응하고 맥락을 이해하는 능력'이 자연스럽게 갖추어져 있다. 뿐만 아니라 소셜 미디어와 디지털 협업 환경에 익숙하여 피드백을 빠르게 받아들이고 곧바로 개선하는 순환 과정에 익숙하다.

기존의 조직 구성원들은 경험과 노하우라는 강점을 갖고 있으나 새로운 기술이나 변화에 대응할 때는 다소 관성적 태도를 보이기도 한다. 반면 신입 지원자들은 변화를 두려워하지 않고 오히려 즐기며, 새로운 지식·도구·환경을 빠르게 습득하고, 실패를 통해 배우는 것에 거부감이 적다. 즉 '민첩한 학습자(Agile Learner)'로서 외부 환경의 변화에 따른 조직의 진화를 빠르게 이해하고 이끌어 갈 수 있다.

하지만 여기서 중요한 것은 '학습 민첩성'은 단순히 빠른 적응과 개방적인 태도뿐만 아니라 기초적인 학습 역량에 기반을 둔다는 점이다. 말 그대로 수학이나 언어 등과 같은 기초적인 학문을 통해 기본기가 갖추어져 있어야만 새로운 학습이 가능하다. 신입 지원자들이 글쓰기나 수학, 물리, 철학 등과 같은 기초 학문에 보다 많은 노력을 기울여야 하는 이유이다.

리더십

기업이 신입을 채용하는 가장 큰 이유 중의 하나는 '미래의 리더를 키워 내기 위해서'이다. 신입사원으로 입사하여 그 회사에서 다양한 직무를 경험하고 다양한 구성원과 협업하는 경험은 그 무게와 깊이가 상당하다. 자연스럽게 '그 기업과 산업을 이해하고 조직 문화가 내재화되어 있으며 탄탄한 네트워크를 갖춘 리더'로 자연스럽게 성장할 수 있는 최상의 경로이기 때문이다.

기업이 신입사원을 채용하는 궁극적 목적은 단순한 인력 충원이 아니라 향후 기업을 이끌어 갈 리더 후보를 발굴하고 육성하는 것이다. 이는 단기적으로는 비용으로 보일 수 있으나, 장기적으로는 기업의 지속가능성과 경쟁력 확보를 위한 가장 확실한 투자이다. 따라서 신입사원 채용은 '현재의 사람이 아닌, 미래의 리더를 채용하는 과정'이라고 정의할 수 있으며, 신입 지원자는 그 잠재적인 성장 가능성을 보여 주어야 한다.

하지만 문제는 이러한 역량들을 신입 지원자가 어떻게 채용 전형 과정에서 보여 줄 수 있는지다. 이는 지원자뿐만 아니라 기업의 고민이기도 하다. 기업의 신입 채용에 대한 고민이 깊어질수록 채용 방식은 더 다양해졌다. 과거 대부분의 신입 채용 채널이었던 정기공채를 다양한 채용 채널이 대신하고 있다. 계약학과, 산학협력과제 등 산학 연계 채용 프로그램, 각종 공모전 등의 비중이 늘고 있으며, 특히 인턴십 채용이 눈에 띈다.

신입 채용은 과거에 비해 그 규모가 줄어들었지만, 그만큼 한 사람의 신입을 채용하는 데 들어가는 노력과 신중함은 더 커졌다. 우수한 신입사원을 가려내는 기준이 과거와 달라지고 있다. 대학의 화상 수업과 학점 인플레이션, 한국 학생들의 학습 인지 역량 저하 등 다양한 사회적 현상으로 인해 더 이상 출신 대학교와 전공 학점을 그대로 신뢰하기 어렵다. 뿐만 아니라 최근 들어 AI 에이전트의 활용이 높아지다 보니 최근의 젊은 세대는 스스로 정보를 수집하고 해석하며 재구성하는 역량이 미흡하다는 분석도 나오고 있다.

과거에는 출신 대학과 학점, 그리고 면접에서의 답변 수준과 태도만으로도 우수한 신입사원을 구분할 수 있다고 믿었지만 지금은 그렇지 않다. 지원자들의 역량은 다른 형태로 진화하는 반면, 채용 기준과 절차는 여전히 과거의 방식을 고수하다 보니 채용 전형의 신뢰성은 점차 떨어질 수밖에 없다. 이 시점에서 대안으로 떠오른 것이 바로 인턴십이다.

경험의 가치가 신입 채용의 새로운 기준이 되다

과거의 인턴십은 장점보다 단점이 많은 전형이었다. 기업이 부담해야 하는 시간과 비용은 둘째치더라도 구직자의 입장에서 다른 취업의 기회를 포기하면서 시간과 노력을 길게 들여야 하는 것은 부담일 수밖에 없었다. 따라서 과거에는 인턴십으로 좋은 인재를 채용하기 쉽지 않았다.

게다가 인턴십은 긴 기간에 비해 주어진 업무가 대부분 단순하고 반복적인 보조성 업무다 보니 실제 그 인재의 잠재 역량이나 전문성을 판단하기 쉽지 않았다. 그동안 대부분의 기업에서 채용 연계형 인턴십의 정규직 전환율은 90% 이상이었다. 단순한 과제의 특성과 이미 익숙해진 사원을 그대로 채용하려는 현업의 온정적이고 편의적인 성향에 따라 변별력을 가지기 어려웠기 때문이다.

하지만 최근 인턴십에 대한 기업과 구직자의 인식이 바뀌면서 인턴십이 실질적이고 전략적인 채용 채널로 확대되고 있다. 가장 중요한 요인은 인턴십을 통해 겪게 되는 경험에 대한 가치를 재인식하게 된 것이다. 인턴십을 통해 기업의 조직 문화와 일하는 방식을 경험함으로써 본인의 역량을 구체적으로 표현하고 취업을 위한 인재로서의 자신을 증명할 수 있게 되었다.

인턴십 기간의 업무도 과거와 다르게 과제형 업무로 바뀌었다. 프로젝트 형태로 인턴십 기간 동안 완결할 수 있는 모듈형으로 지원자의 전공 지식이나 배경 역량을 활용할 수 있다. 또 업무 역량과 해당 분야에서 전문가로서의 성장 가능성을 평가할 수 있는 과제를 통해 지원자에게 가치 있는 경험을 제공하고, 기업은 지원자를 면밀하게 평가할 수 있게 되었다.

인턴십의 필수 요소는 일의 '경험'이다

인턴십에서 중요한 것은 단순히 통근버스와 맛있는 점심식사, 쾌적한 근무 환경과 정시퇴근을 체험하는 것이 아니다. 인턴십에서 기업과 구직자 모두에게 중요한 것은 결국 '일을 경험'하는 것이다. 구직자도 결국 일을 경험하기 위해 기회비용을 치러 가며 인턴십에 참가하고, 기업도

인턴십 과제 기술서 및 일정 양식

Project명	OOOO		기간	'00.00.00~'00.00.00(0주)
			멘토	OOO 선임/OO팀
목표	정량적		챔피언	OOO 팀장/OO팀
	정성적		인턴	OO학 전공/외국어 OO 이상/OO자격 보유
추진 배경			일정 계획	
			1주차 (1/4~8)	
내용			2주차 (1/11~15)	
			3주차 (1/18~22)	
예상 이슈 및 지원 방안			4주차 (1/25~29)	
			5주차 (2/1~3)	

소속		성명		직무		멘토	

	1/4(월)	1/5(화)	1/6(수)	1/7(목)	1/8(금)
1주					
	1/11(월)	1/12(화)	1/13(수)	1/14(목)	1/15(금)
2주					
	1/18(월)	1/19(화)	1/20(수)	1/21(목)	1/22(금)
3주					
	1/25(월)	1/26(화)	1/27(수)	1/28(목)	1/29(금)
4주					
	2/1(월)	2/2(화)	2/3(수)	※ 필수 표기 사항 ★ 멘토링 Day (격주 1회) ◆ 년차 휴가 (1회)	○ 팀장 코칭 (격주 1회) ◎ 임원 코칭 (1회)
5주					

구직자의 직무 역량을 제대로 평가하기 위해 인턴십을 운영한다.

그 '일'은 오로지 그 기업의 '일'이어야 한다. 그 기업의 비전과 환경, 산업 특성에 따라 실제로 하고 있으며 앞으로 해야 할 '일'을 함께 함으로써 그 구직자가 향후 우리에게 어떤 가치를 줄 수 있는 인재가 될 수 있을지를 평가할 수 있다. 구직자 또한 그 특별한 '일'을 통해 그 기업을 보다 깊이 이해할 수 있으며 차별화된 관계를 만들어 갈 수 있다.

하지만 사전에 이런 설계가 없이 그저 '한 달을 데리고 일해 보면 알겠지.'라는 마음으로 실행하는 인턴십은 기업과 구직자 모두에게 아무 의미가 없을뿐더러 오히려 구직자로 하여금 그 기업에 대한 부정적인 경험과 감정을 가지게 만든다.

"한 달 동안 뭘 했는지 모르겠어요. 이런 회사에서 일하고 싶지 않아요."

인턴십은 기업이 구직자를 보다 자세히 오래 관찰할 수 있는 좋은 기회인 반면에 구직자에게 회사의 민낯을 드러내는 위기가 되기도 한다. 최근 신입 채용이 줄어들면서 너도 나도 할 것 없이 인턴십을 운영하고 있다. 하지만 제대로 준비되어 있지 않은 기업에서 인턴십을 하고 난 후 실망한 구직자들의 후기를 종종 볼 수 있다.

구직자들의 시간과 노력에 상응할 만한 가치 있는 경험을 체계적으로 설계하고 준비하여 제공할 수 없다면, 그런 인턴십은 하지 않는 편이 낫다. 구직자에게도 기업에게도, 그리고 그 구직자를 채용할 수 있었던 다른 기업에게도 모두 손해다.

인턴십 100% 활용법

앞으로 인턴십은 채용의 보조수단이 아닌 커리어 여정의 중요한 한 부분이 될 것이다. 따라서 취업을 준비하는 과정에서 어떤 인턴십을 선택하고, 어떻게 인턴십을 실행하는지가 매우 중요하다. 자신의 커리어를 표현할 수 있는 뾰족한 엣지(Edge)를 만들어 낼 수도 있지만, 자칫 취업을 준비하는 중요한 시간을 그대로 허비해 버리는 선택이 될 수도 있다.

　인턴십은 자신의 커리어 여정의 한 부분으로서 선택되어야 한다. 일부 기업이 실시하는 단순하고 반복적이며 누군가의 업무를 보조하는 성격의 일들로 채워진 인턴십은 커리어 여정에 도움이 되지 않는다. 회사의 이름값보다 나에게 어떤 경험을 줄 것인지를 따져야 한다. 본인의 전공, 특성 그리고 장기적인 비전을 고려하여 스스로 배울 수 있는 기회가 되는 인턴십을 선택해야 한다. 인턴십 기간 동안 일의 시작과 끝을 경험할 수 있는 모듈 단위의 과제가 주어지는지, 자신의 특기가 제대로 발휘될 수 있는 주제인지를 살펴보고 값진 시간을 투자해야 한다.

　인턴십 기간 동안 단순히 지시받은 과제를 처리하는 데 그치지 말고, 문제의 맥락을 이해하고 개선점을 제안하는 적극성을 보여 주어야 한다. 작은 업무라도 스스로 의미를 부여하면 성과로 남을 수 있다.

　인턴십을 수행하면서 가장 중요한 것은 기록이다. 보고서, 프레젠테이션, 데이터 정리 등 눈에 보이는 결과물뿐만 아니라 인턴십 기간 동안 본인이 경험한 행동과 성장을 기록해 두면 이는 이후 취업 과정에서 가장 강력한 무기가 된다. 그 기록을 풍부하게 만들기 위해 피드백을 적극적으로 구하는 것이 좋다. 업무 도중 상사와 동료에게 피드백을 자주 요청하면 학습 속도가 빨라질 뿐만 아니라 성실성과 성장 의지를 드러낼 수 있다.

　함께 일한 동료, 상사와의 인연은 훗날 추천서, 멘토, 취업 연결로 이어질 수 있다. 성실하게 협력하는 태도는 인턴십 이후에도 오래 기억된다. 좋은 네트워크는 인턴십이 남겨 줄 수 있는 중요한 유산이다.

글로벌 기업과 인재들에게 인턴십은 이미 필수적인 경험이다. 해외 특히 미국에서 채용 활동을 위해 많은 학부생과 대학원생들과 대화를 나누다 보면 다양한 기업에서의 인턴십 경험이 빠지지 않는다. 이제 한국 기업들에서 인턴십을 실시하는 사례가 많아지고 있다는 것은 다행스러운 일이다. 기업들이 그저 '경력 같은 신입'을 원하기만 할 것이 아니라 신입들이 경력을 쌓을 수 있는 기회를 만들어 주는 노력이 필요하다. 취업을 준비하는 많은 인재 또한 그 기회를 놓치지 않아야 한다.

취업 실전 가이드 2

채용 담당자가 말하는 합격하는 지원자의 특징

  채용 현장에서 수많은 지원자를 만나보면 대부분의 지원자가 매우 비슷하다. 성적, 어학점수, 자격증은 이미 적정 수준을 넘어섰고 자기소개서는 대부분 정갈하게 정리되어 차이를 구분하기 어렵다. 면접에서의 답변도 이미 잘 훈련되어 있어 이렇다 할 결점을 지적하기 쉽지 않다. 그럼에도 불구하고 합격과 불합격은 나뉜다. 그것을 나누는 차이는 언뜻 보면 매우 작은 것처럼 생각될 수 있지만 실제로는 매우 큰 결과로 이어지게 된다.

  실제로 기업이 원하는 인재는 단순히 채용 전형을 잘 준비하고 훈련된 인재가 아니라 다른 지원자와 비교할 때 분명히 다른 경쟁력을 가지고 있다. 그들은 빠르게 배우고, 자신만의 스토리가 있으며, 채용 전형에 주도적으로 참여하고, 리더로 성장하려는 큰 꿈을 드러내고, 끝까지 긍정적인 태도를 유지한다. 시대와 산업이 바뀌고 채용 전형 방식이 바뀌어도 기업이 원하는 인재의 특징은 여전히 동일하다.

✅ 학습 민첩성 : 하나만 고집하지 않고 새로운 것을 빠르게 배운다

채용 현장에서 가장 안타까운 인재는 지금은 뛰어난 지식과 기술을 가지고 있지만 다른 영역으로 확장하는 것에 관심이 없거나 그에 대한 역량이 부족한 인재이다. 지금의 전문성도 중요하지만 더 중요한 것은 내일의 환경에 적응하고 새로운 기술을 빠르게 학습하고 활용할 수 있는가이다. 세상의 산업과 기술이 빠르게 변화하고 있기 때문에 기업에게 필요한 것은 지금의 특정한 지식과 기술의 전문가가 아니라 다양한 영역으로 빠르게 확장할 수 있는 인재이다.

학습 민첩성이 뛰어난 인재의 가장 큰 특징은 기본 이론이 탄탄하다는 것이다. 인문학, 수학 같은 기본기가 갖추어진 인재는 새로운 영역의 학습을 두려워하지 않으며 새로운 배움을 반가워한다. 또한 지나치게 본인의 의지나 선택을 강조하지 않는다. 세상이 요구하는 것이 바뀌게 되면 그에 따라 기꺼이 자신의 의지나 선택을 뒤집을 수 있는 각오가 되어 있으며, 절대로 자신의 감을 과신하지 않는다.

이런 성향이다 보니 자연스럽게 트렌드에 민감하고 관심이 많다. 자신이 희망하는 산업과 직무와 관련된 여러 기업과 정책들의 최근 경향을 파악하고, 때로는 전혀 연관성이 없을 것 같은 영역까지 넓게 바라본다. 자연스럽게 다양한 인적 네트워크를 가지는 것도 중요한 특징이다.

이들은 면접전형에서도 자신이 경험해 보지 않았거나 모르는 영역에 대해 단정적으로 "그 부분은 제 전공이나 지원분야와는 달라서"가 아니라 "그 부분은 제가 알고 있는(또는 경험했던) 부분과 연결하면 이렇게 해 볼 수 있겠다."는 답변을 내놓는다. 이러한 답변은 또 다른 대화를 이끌어 가게 되고, 지원자의 더 많은 가능성을 보여 준다.

✅ 스토리 : 스펙에 이유가 있다

취업준비생을 대상으로 코칭을 할 때 받는 많은 질문 중의 하나는 '학점은 얼마나 되어야 하는지, 이 전공 과목은 무조건 A를 받아야 하는지'이다. 물론 학점과 특정 전공 과목의 성취도는 여전히 중요한 기준이기는 하다. 다만, 중요한 것은 단순히 눈에 보이는 결과 점수만이 아니다. 왜 그 결과인지가 중요하다. 이는 자격증도 마찬가지고 어학점수도 마찬가지다.

  예를 들어, 전공 특정 과목에서 A+를 받았다면 그 자체로도 긍정적이기는 하나 바로 합격으로 이어지기에는 부족하다. 그 안에 이유가 있어야 한다. 먼저 왜 나는 그 과목에서 높은 점수를 얻으려고 했는가이다. 어떠한 부분이 흥미로웠는지, 어떤 상황에서 필요가 있었는지 등에 대한 자신만의 이유로 시작해야 한다. 그리고 그 과목에서 높은 점수를 얻기 위한 자신만의 방법론이 있어야 한다. 그 과목을 나는 어떤 방식으로 공부했는지, 어떤 상황에서 어떤 변화를 주었는지, 남들과는 어떻게 다른 시도를 했는지 등이다. 마지막으로 그 과목에서 높은 점수를 얻은 것이 본인에게 어떤 의미와 가치인지 대한 이야기가 필요하다. 이 3가지가 이어지면 자신만의 훌륭한 스토리가 완성된다. 이것은 단순히 학점이나 자격증, 어학점수뿐만 아니라 다른 성과에도 똑같이 적용된다.

  기업에서 인재에게 요구하는 것은 단순히 높은 학점이 아니다. 기업은 인재에게 문제를 발견하고 해결하는 역량을 요구한다. 이를 평가하기 위해 학점을 참고할 뿐이다. 하지만 단순히 학점만이 아니라 그 안에 숨겨진 스토리에서 어떻게 문제를 바라보고 끝내 해결했는지를 말할 수 있다면 기업은 그 인재의 이야기에 귀 기울일 수밖에 없다.

✓ 주도성 : 채용 전형의 주인공이 되다

　면접을 진행하다 보면 면접위원의 질문과 지원자의 답변이 단순히 오가는 것이 아니라 마치 토론하듯이 서로 자유롭게 질문하고 답하고 의견을 주고받는 상황이 연출될 때가 있다. 그러한 면접의 결과는 합격으로 이어지는 경우가 많다.

　대부분의 지원자는 채용 과정을 시험 치르는 자리로만 생각한다. 주어진 질문에만 답하고, 주어진 과제를 수행하는 데 집중한다. 하지만 합격하는 지원자는 이 과정을 자신의 무대로 만든다. 그들은 면접관의 질문에 답하는 수동적 위치에 머물지 않고, 대화를 확장하고, 자신을 보여 줄 기회를 스스로 만들어 낸다. 다시 말해, 채용 전형의 단순한 '참가자'가 아니라 주인공이 되는 것이다.

　기업은 과거와 같이 수동적인 인재를 원하지 않는다. 스스로 문제를 정의하고, 해결책을 제시하며, 팀을 움직일 수 있는 주도적인 인재를 원한다. 면접위원이 지원자에게서 보는 것도 결국 '이 사람이 현업에 투입되었을 때 주도적으로 움직일 수 있는가?'라는 점이다.

　그렇다면 어떻게 주도적으로 면접에 참여할 수 있을까? 면저 단순히 답변을 하는 것에 멈추지 말고 자연스럽게 대화를 이끌어야 한다. "이 경험과 연결해서 제가 성과를 만들어 냈던 사례를 말씀드려도 될까요?"라며 자연스럽게 질문을 던지거나, "이 경험을 통해 저는 2가지의 큰 성장을 이루었습니다."라고 답변하며 질문을 유도할 수도 있다.

면접전형에서 본인의 생각과 의견을 상황에 맞춰 꺼낼 수도 있다. "질문하신 상황에 대한 답변은 이렇습니다만, 그런 상황은 예방이 더 중요하다고 생각합니다."와 같은 답변으로 또 다른 관점에서의 역량을 보여 줄 수도 있다. 이외에 면접위원에게 직무와 관련된 깊이 있는 질문을 준비하는 것도 주도성을 보여 줄 수 있는 좋은 방법이 될 수 있다.

✓ 큰 꿈 : 리더가 되어 해 보고 싶은 것이 있다

신입채용일수록 지원자에게 기대하는 것은 단순히 현재의 업무를 충실히 해내는 실무자가 아닌 '향후 리더로 성장할 수 있는 가능성'이다. 리더는 직책이나 권한을 넘어 보다 큰 영향력과 실력을 통해 더 큰 업적을 이루고자 하는 열망에서 만들어진다.

이러한 큰 꿈을 가진 지원자는 채용 전형에서 분명히 드러난다. 먼저 입사 동기나 비전을 묻는 질문에 대한 답변이 매우 구체적이다. 그 답변은 본인 혼자만의 테두리를 넘어 다른 팀원이나 누군가와 함께 연결되고 협력함으로써 이룰 수 있는 내용으로 채워져 있다. 그리고 성공 체험에 대한 질문의 답변으로 다양한 상황의 팀워크와 리더십을 발휘한 경험을 이야기한다.

단순히 채용 전형을 준비하면서 거짓으로 큰 꿈과 강한 의지를 보여 줄 수는 없다. 실제로 그러한 꿈과 의지를 가지고 있어야 한다. 이를 위해서는 자신의 전체 커리어에 대한 진지한 고민이 선행되어야 한다.

✓ 긍정적인 태도 : 기업과 팀에서 함께 일하고 싶어 한다

역량보다 먼저 보이는 것은 '태도'이다. 채용 현장에서 지원자의 스펙은 이제 큰 차이를 만들지 못한다. 학벌, 학점, 자격증은 기본 요건일 뿐 최종 합격을 가르는 요소는 태도이다. 그중에서도 기업이 가장 중요하게 보는 것은 긍정적인 태도이다.

실제로 많은 리더가 긍정적인 지원자를 선택하는 이유는 단순히 '밝아서 보기 좋다.'라는 이유가 아니다. 긍정은 조직 내에서 문제를 발견하여 드러내고, 동료들과 열린 마음으로 협업하며, 끝까지 성과를 만들어 내는 강한 실행력으로 연결되기 때문이다.

　긍정적인 지원자의 자기소개서에는 당연히 긍정적인 단어가 많고, 실패한 사례가 나와도 이를 통해 무엇을 배우고 다시 준비했는지가 이어진다. 어려운 테스트나 과제가 주어져도 포기하지 않고 끝까지 도전하며, 면접전형에서도 단순히 "모르겠습니다."로 답변하기보다 "그 부분은 모르지만 제가 알고 있는(또는 경험한) 것을 통해 이렇게 해 보겠습니다."라는 가능성을 말한다.

　기업이 긍정적인 지원자를 선택하는 이유는 분명하다. 지식이나 기술은 시간이 지나면 누구나 배울 수 있지만 태도는 쉽게 변하거나 따라 하기 어렵다. 긍정은 스펙으로 증명할 수 없는 차별화된 경쟁력이다. 긍정적인 지원자에게는 결국 긍정적인 결과가 따르기 마련이다.

CHAPTER 3

채용 방식의 변화

경력 채용은 그 대상의 범위가 기존에 비해 앞으로는 주니어 탤런트, 뒤로는 시니어 탤런트가 더해져 확장되었고, 자사의 퇴직자들까지 가세하면서 그야말로 경력을 가진 모든 사람이 대상이 되고 있다. 신입 채용은 기존 정기공채 중심에서 수시채용을 포함한 다양한 방식으로 분화되었고, 인턴십의 비중이 점차 높아지고 있다.

경력과 신입의 채용 절차도 변화하고 있다. 채용의 정기성이 점차 사라지면서 채용 전형 절차는 효율적이면서도 신속하게 운영되는 듯 보이지만, 다른 한편으로는 매우 신중해지고 있다. 과거 대규모 정기공채 시절에는 어느 정도 수준의 채용 실패가 발생하더라도 다수의 채용 인원으로 대체가 가능하고 내부 육성을 통해 보완할 수 있었다. 그러나 이제 채용 규모가 축소되고 세분화되다 보니 한 사람을 채용할 때 역량을 제대로 검증하여 즉시 사업에 기여하는 것이 보다 중요해졌다.

'오피스 빌런'의 등장도 한몫했다. 과거에도 오피스 빌런이 있었지만 신세대의 가치관 변화, 수평적 조직 문화, 다양한 소통 채널이 발달하면서 오피스 빌런이 조직에 미치는 피해는 과거보다 더 심각해졌다. 기업 평판과 법률적 문제뿐만 아니라 본인의 업무 성과 그리고 조직 내 갈등을 야기하면서 조직 전체의 생산성을 떨어뜨리는 주범인 오피스 빌런을 채용 단계에서 걸러내기 위해 채용 절차는 점점 까다로워지고 있다.

일반적인 채용 프로세스에서는 지원자의 역량을 직무 영역(기술과 지식)과 인성 영역(가치관과 동기)으로 구분하고 서류전형, 인적성검사, 직무면

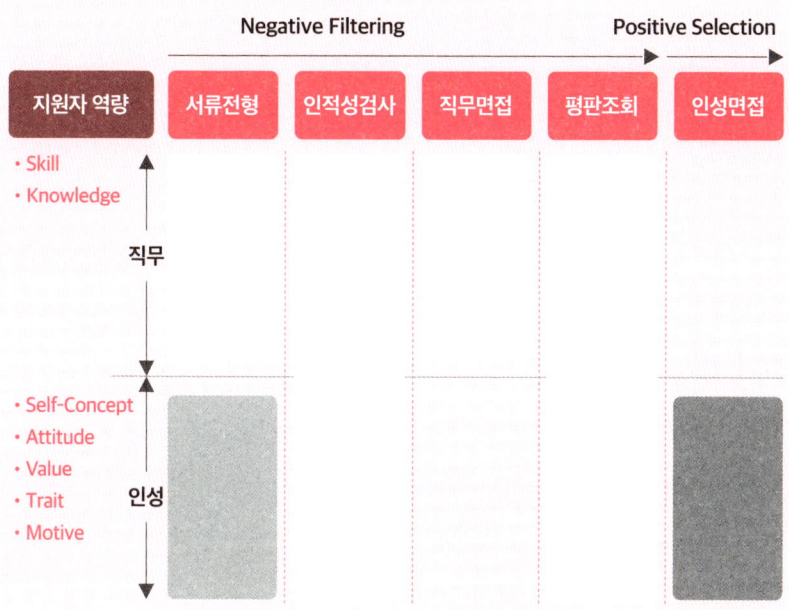

접을 거쳐 인성면접으로 각각의 영역을 평가했다. 대체로 서류전형부터 인적성검사, 직무면접까지는 적정한 수준 이상의 역량을 갖추었는지를 평가하여 그에 미달되는 지원자를 탈락시키는 부정적 요소 배제(Negative Filtering) 방식이며, 최종 인성면접은 그 과정을 거쳐 남은 지원자 중 가장 적합한 인재를 선발하는 긍정적 요소 선택(Positive Selection) 방식이다. 쉽게 말하면 최종 면접 이전까지의 채용 프로세스는 마지막 면접장에 들여보내기에 부적합한 지원자를 걸러내는 과정이라고 볼 수 있다.

서류전형과 인적성검사, 면접의 채용 전형 중 가장 합격률이 낮은 전형은 무엇일까? 대부분의 전형에서 가장 합격률이 낮은 전형은 '서류전형'이다. 직무에 따라 차이가 있으나 개별 면접의 합격률은 30~50%이고, 인적성검사는 대부분 50%를 넘는다. 그에 비해 서류전형의 합격률은 10%를 넘기 어렵고, 경우에 따라 1% 미만이 되기도 한다.
　그럼에도 불구하고 그 전형 기준이나 방식은 과거의 단순한 '엑셀컷'을 벗어나지 못하고 있다. 출신 학교와 학점, 어학점수와 자격증 기준을 벗어나 자기소개서를 읽기도 하지만 최근 AI로 자기소개서를 작성하다 보니 이마저도 믿을 수 없게 되었다. 서류전형은 점점 외면되고 더 많은 지원자에게 면접의 기회를 주려다 보니 AI 면접이 자연스럽게 대안이 되고 있다. 사실상 서류전형의 합격률이 극도로 낮은 반면 그 신뢰성은 높지 않은 상황에서 AI 전형은 오히려 다행스러운 방법이다.
　전통적인 채용 절차가 빠르게 변화하고 있다. AI가 면접위원을 대체하고 있으며, 평판조회가 필수 전형으로 자리 잡아 가고, 경력직에도 수습기간을 적용하는 등 전형이 까다로워지면서 지원자들의 고민이 깊어지고 있다. 채용 전형이 복잡해지면서 지원자들의 전형 절차의 공정성에 대한 의심은 깊어지고, 길어진 전형과 불확실한 결과로 인한 심리적 부담은 전형 여정의 큰 걸림돌이 되고 있다. 급격하게 변화하는 채용 절차는 기업과 지원자에게 새로운 과제를 안겨 주고 있다.

STEP 07

인재상을 정확히 알아야 채용이 보인다

프로야구 경기에 ABS(Automatic Ball-Strike System)를 도입한 초기에는 많은 논란이 있었다. 하지만 이제 대부분의 야구팬은 이를 긍정적으로 받아들이고 있다. 과거 심판들의 베테랑에 대한 우호적인 '엘리트 편향', 경기 흐름을 끊는 애매한 볼판정 시비, 심판들마다 제각각인 판정, 점수 차이가 벌어진 후반에 판정이 후해지는 '심판의 퇴근 본능' 등에 불만이 있던 팬들은 공정하고 원활한 판정에 대체로 만족하는 분위기이다. 최근에는 배트 스윙 여부의 판단도 AI에 맡겨야 한다는 의견이 지배적이다. 결국 과거 심판의 역할을 AI가 효율적이면서도 효과적으로 대체할 것으로 보인다.

채용 선발 전형 과정에서도 프로야구 경기처럼 현업 리더와 HR의 역할을 AI가 대체하고 있다. AI 서류전형이나 AI 면접전형은 더 이상 생소한 개념이 아니다. 이미 다양한 솔루션 업체가 등장하고, 그간 수차례

업그레이드되고 있으며, 많은 공공기관과 기업이 채용 선발전형에 AI를 도입하고 있다. AI 기술이 급속도로 발전하면서 많은 전문가가 채용 전형에서 AI의 도입이 필연적이라고 말한다. 하지만 이 과정에서 중요한 것은 ABS든 AI 채용 전형이든 중요한 선행 조건이 있다는 점이다. 그것은 실제로 AI 기술의 발전보다 더 중요하다.

인재를 구분하기 위해 필요한 것

ABS를 실제 경기에 적용하기 위해서는 3가지의 조건이 필요하다.

ABS를 경기에 도입하기 위한 조건

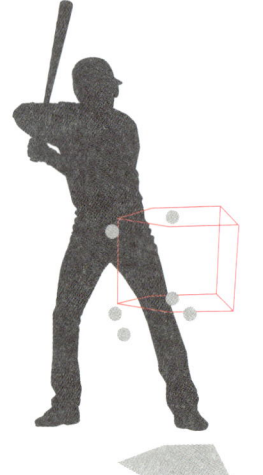

ABS (Automatic Ball-Strike System)	조건
	스트라이크의 정의 안타를 칠 수 있는 공을 치지 않은 경우를 포함한 여러 경우
	**정의를 구분하는 기준	스트라이크 존** 어깨 윗부분과 바지 맨 윗부분의 중간을 상한선으로 하고 무릎의 아래를 하한선으로 하는 홈 베이스 상의 공간
	공의 궤적을 볼 수 있는 방법 심판의 시각 인지 또는 카메라의 측정

첫째로 '(스트라이크에 대한) 정의'이다. 스트라이크는 헛스윙, 파울 등의 경우와 함께 '안타를 칠 수 있는 경우인데 치지 않은 경우'로 정의할 수 있다. 투수가 던진 공이 타자 앞의 어느 공간을 제대로 지나가는지이다.

둘째로 '정의를 구분하는 기준', 즉 '스트라이크 존'을 명확하게 정하는 것이다. 스트라이크 존은 '타자의 어깨 윗부분과 바지 맨 윗부분의 중간을 상한선으로 하고 무릎의 아래를 하한선으로 하는 홈 베이스 상의 공간'으로 명확하게 정해져 있어 그 기준을 통해 스트라이크 여부를 판단할 수 있다.

셋째로 '대상을 공정하게 측정하는 방법'이다. 과거에는 심판의 시각 인지로 그것을 측정하고 판단했다. 하지만 지금은 3대의 카메라로 투수가 던진 공의 궤적을 그리고 영상분석 기술로 그 궤적이 스트라이크 존 안인지 밖인지를 가려내는 시스템, 즉 ABS로 판단한다. 심판이든 ABS든 본질적으로 스트라이크에 대한 정의와 스트라이크 존에 따른 구분 기준은 동일하다. 그것이 명확하지 않으면 ABS는 아예 도입이 불가능하고 심판도 오로지 감에 의존하는 불공정한 결과가 나올 수밖에 없다.

2020년을 기점으로 채용 전형 과정에서 기존의 면접위원을 AI로 대체하는 움직임이 본격화되었다. 코로나19 팬데믹으로 기존의 대면 면접이 어려워지기도 했고, AI의 이미지와 음성 언어 인식 기술이 발달되면서 나타난 자연스러운 변화였다. AI 선발전형도 ABS처럼 기업과 지원자 모두에게 공정하고 효율적인 전형이 될 수 있을까? AI 선발전형을 실제 채용 과정에 적용하기 위해서도 3가지의 조건이 필요하다.

첫째로 '인재에 대한 정의', 바로 인재상이다. 스트라이크의 정의처럼 뒤에 이어지는 모든 기준과 방법의 근본적인 목적이다. 오래전부터 이어져 온 인재상이든 사업 구조에 따라 수시로 변해 온 인재상이든 그 회사와 직무에 적합한 인재상이 있어야 한다. 인재상은 그 기업의 비전과 미션, 핵심 가치, 조직 문화와 구성원 모두에게 연결되어 있어야 한다.

둘째로 '인재상을 구분하는 기준', 즉 역량과 그 레벨을 명확하게 정의하는 것이다. 회사와 직무의 인재상에 따라 측정할 수 있는 역량 레벨을 구체적으로 정립하는 것이 필요하다. 인재상이 다소 모호하고 추상적이라 하더라도 그에 기반을 두어 최대한 구체적이고 명확한 기준이 있어야 한다. 그것은 세부적인 JD(Job Description)에 담겨야 하며, 필요 역량 사전으로 설명할 수 있어야 한다.

셋째로 '역량을 공정하게 측정할 수 있는 방법'이다. 이미 기존에도 서류전형, 각종 검사, 면접, 평판조회, AC(Assessment Center) 등 많은 방법이 있었다. 결국 AI가 기존의 면접위원을 대체하기 위해서는 ABS가 스트라이크 존에 대한 심판의 '눈'을 카메라와 영상분석 기술로 더 정확하고 빠르게 대체한 것처럼 지원자의 역량 레벨을 현업의 전문가나 HR 담당자보다 AI 기술을 통해 더 정확하고 빠르게 측정하는 것이 필요하다.

사람이 가진 '역량'의 수준을 제대로 측정하기란 어려운 일이다. 눈에 보이는 야구공의 궤적과 다르게 사람의 행동은 짧은 시간에 관찰하기 어렵고, 특히 행동 안에 담긴 가치관이나 동기는 눈으로 볼 수도 없기 때문이다. 그래서 역량을 무작정 판단하기에 앞서 인재상과 함께 측정할 수 있는 역량 수준의 기준을 정의하는 과정이 필요하다. 카메라 하드웨어 기술과 영상분석 소프트웨어 기술이 아무리 뛰어나다고 해도 '스트라이크 존'이 명확하지 않으면 ABS는커녕 심판도 아무 소용이 없는 것처럼 말이다.

한국프로야구에서 ABS의 도입은 단순히 판독의 정확성과 효율성이 높아진 것만을 의미하지 않는다. 실제로 경기의 속도감은 올라가고, 투수와 타자 모두 자신의 경기력 자체에 집중하고 있으며, 경기를 관람하며 시시비비를 함께 판단해야 했던 팬들의 불쾌함도 사라졌다. 사람의 역할을 대신하는 ABS가 오히려 사람의 경험을 더 긍정적으로 만들어 가고 있는 것이다.

모든 기업이 원하는 인재에게는 특별한 책임감이 있다

인재상에 따라 채용 전형은 달라진다. 결국 인재상, 즉 채용해야 하는 인재가 갖추고 있는 역량이 무엇인지에 따라, 그리고 지원자들의 특성에 따라 그것을 판단하기 위해 전형 절차가 바뀌어야 한다. 인재상은 기업의 비전과 연결되어 있다. 기업의 비전을 이루기 위한 구성원의 행동 방식, 즉 핵심 가치가 곧 인재상으로 연결된다. 기업의 비전은 쉽게 바뀌지 않기 때문에 인재상도 하나의 상징으로 남아 지속되는 경우가 많다. 인재상은 많은 HR 제도와 시스템이 연결되어 있어 바꾸는 과정이 짧게는 몇 개월에서 길게는 몇 년이 걸리는 큰 작업이 되기도 한다.

그럼에도 불구하고 최근 기업들의 인재상은 변화하고 있다. 과거 2000년대 초반 대부분의 기업 인재상으로 가장 우선으로 등장한 것은 '창의성'과 '도전', 그리고 큰 '꿈'이었다. 기존의 관행과 방식을 그저 따르기보다는 자신만의 차별화된 아이디어와 실행을 요구한 것이었고, 성장을 위해 내달리는 기업들은 남보다 앞서기 위해 남다른 인재를 채용하기 위해 노력했다.

그 당시 전형 방식은 오히려 지금보다 실험적이기도 했다. 신입사원을 채용하기 위해 1박 2일의 합숙 과정이나 음주를 겸한 저녁 식사 면접이 시도되기도 했고, 대강당에 모여 단체 줄넘기를 하고 도미노를 쌓는 게임도 전형의 하나가 되었다. 창의성을 테스트한다는 명목으로 직무 역량과는 무관한 난센스 퀴즈들이 면접에서 등장했고, 특이한 돌발 상황을 만들고 대처하는 모습을 보기도 했다.

하지만 전형 과정에서 관찰되는 모습은 실제 업무에서 발현되어야 하는 진짜 모습과는 거리가 멀었고, 결국 시간과 비용 낭비를 넘어 전형 결과의 오류를 만들어 낼 위험성 때문에 지금은 그런 전형 과정을 찾아보기 어렵다. 도미노를 잘 쌓는다고 해서 업무를 끈기 있게 할 수 있다는 것은 아니며, 단체 줄넘기를 잘한다고 해서 공동 과제를 수행할 때 팀워크가 좋은 것은 아니기 때문이다.

창의성은 여전히 기업이 원하는 인재상의 중요한 항목 중 하나이며, 가장 측정하기 어려운 항목 중 하나이기도 하다. 하지만 2020년대에 들어서면서 새로운 인성 역량 항목이 떠오르기 시작했고, 최근 인재상에서 가장 우선되는 항목이 되었다.

2023년 대한상공회의소에서 국내 매출액 상위 100대 기업의 인재상을 분석한 결과, 가장 많은 기업이 원하는 인재상의 1순위 항목은 과거의 창의성이나 도전 정신을 뒤로 제치고 떠오른 '책임의식'이었다. 관련 뉴스에서 그 사유로 꼽은 것은 Z세대가 과거 세대에 비해 자유분방하고 감각적이며 개성이 넘치는 반면, 전통적인 인성 역량인 책임의식이 낮기 때문이라는 분석이 많았다. 실제로 그러할까?

그보다는 기업이 맞닿아 있는 산업 환경의 변화, 그리고 일하는 문화의 변화가 더 크다고 생각한다. 불확실성이 높은 환경에서 무책임한 창의성보다는 다가오는 변화를 적극적으로 대응하고 과제를 완결하는 '책임의식'이 더 필요해졌다. 뿐만 아니라 수평적인 조직 문화, 유연근무제와 재택근무 등으로 과거에 비해 개인의 자율이 중요해짐에 따라 오히려 '책임의식'이 더 요구된다. 이는 과거에 중시되던 조직의 규율과 리더의 관리에 따른 책임이 아닌 스스로의 자율적인 책임을 말한다. 요즘 세대의 '책임의식'이 부족해서가 아니라 '책임의식'이 점점 더 중요해지는 환경으로 변화하고 있다는 것이다. 반대로 이제 지원자들은 자율적인 환경에서 '책임의식'을 가지고 주도적으로 일할 수 있음을 증명해야 한다.

모든 전형 절차는 인재상을 벗어나지 않는다

인재상은 대부분 그 회사의 홈페이지를 통해서 쉽게 확인할 수 있다. 하지만 정작 그 회사의 구성원들에게 물어봐서는 알 수 없는 경우가 많다. 인재상이 있는지도 모르는 구성원들이 있을 정도로 많은 회사에서 인재상은 액자 속에 갇혀 있다. 인재상은 구성원 모두가 알고 있어야 하며, 그에 따라 사고하고 행동할 수 있도록 체화되어야 한다. 신입사원 교육뿐만 아니라 성과 평가, 코칭, 리더십 평가/개발 등 다양한 인사 및 인재 육성 체계에 녹아들어 있어야 한다.

채용 과정에서도 인재상이 반영되어야 한다. 특히 채용 공고, 즉 JD(Job Description)를 작성할 때 인재상이 함께 고려되어야 한다. 채용 설명회, 면접전형 과정에서도 인재상이 채용의 핵심 언어가 되어야 한다.

실제로 우리가 알고 있는 것보다 많은 부분에서 인재상이 살아 숨쉬고 있다. 많은 기업이 실시하는 인성검사도 대부분 인재상을 기반으로 항목들이 구성되어 있으며, 면접위원으로 참여하는 리더들 또한 인재상을 기반으로 한 리더십 교육과 평가를 받고 있다. 그 기업 구성원들도 이미 인재상이 그려 놓은 일하는 방식과 조직 문화, 각종 제도를 통해 평가하는 가치관이 형성되어 있다.

결국 인재상은 단지 문서로 존재하는 것이 아니라 조직이 사람을 어떻게 바라보고, 어떻게 함께 일하길 원하는지를 보여 주는 집단의 신념이다. 그것이 채용 공고의 문장에 담기든, 면접관의 질문에 숨어 있든, 조직 구성원의 일상적 피드백 속에 녹아 있든, 인재상은 조직의 '사람 철학'을 가장 응축된 형태로 드러낸다.

중요한 것은 이 인재상이 단지 선언으로 머무르지 않고, 구성원 각자의 언어와 행동 속에 자연스럽게 흐를 수 있도록 일관된 실행과 진정성 있는 리더십으로 뒷받침된다는 것이다. 그렇게 인재상은 더 이상 홈페이지 화면에 갇힌 문구가 아니라 실제 채용 여정의 전반에 흐르는 중요한 기준이 되고 있다.

STEP 08

자기소개서의 종말, 새로운 평가 기준

한때 자기소개서는 지원자의 진정성과 태도를 보여 주는 가장 중요한 전형이었다. 수만 명의 지원자가 몰리는 대규모 공채에서 기업은 자기소개서를 통해 지원자의 차별성을 찾아내고 잠재 가능성을 평가했다. 당시 공채 시즌에는 모든 인사담당자가 동원되어 일주일이 넘게 자기소개서를 읽으며 인재를 가려냈다.

하지만 지금은 상황이 달라졌다. 이제 많은 지원자가 AI를 활용하여 쉽게 자기소개서를 쓰고, 기업이 이를 또다시 AI로 AI 활용 정도를 파악하고 있다. 하지만 그다지 의미는 없다. AI를 활용한 자기소개서라고 해서 불합격시킬 이유가 없기 때문이다. 결국 자기소개서를 얼마나 잘 썼는지보다는 그 안에 담긴 경험이 얼마나 구체적인지가 중요하다. 자기소개서보다 더 필요한 것은 경험의 목록이 아닐까 생각한다.

이제 기업은 자기소개서 대신 경험 기반의 데이터에 주목한다. 포트폴리오, 프로젝트 경험, 인턴십 결과, 과제 수행 내용과 같이 '실제 무엇을 했는지'를 검증할 수 있는 자료들이 자기소개서를 대체하고 있다. 가까운 미래에 자기소개서는 사라지게 될 것이다. 자기소개서의 종말은 곧 형식보다 경험, 말보다 증거를 중시하는 시대가 왔음을 의미한다.

이공계 대학원생들의 이력서 구성을 보면 간단한 이력 요약, 학교/전공과 학점, 보유한 스킬, 주요 논문 기록, 수상 기록 등이 구체적으로 기술되어 있다. 대부분의 형식은 미사여구가 더해진 문장이 아니라 간단하고 구체적인 단어의 조합이다. 앞으로는 모든 이력서가 이러한 형식과 내용들로 요구될 것이다.

지원자의 진정성과 태도는 자기소개서에서 볼 수 없고 쓰여 있다 해도 믿을 수 없다. 서류전형에서 중요한 것은 구체적인 경험과 증거이다.

최고의 스펙은 경험이다

출신 학교, 학점, 어학 점수, 자격증은 한때 서류전형의 가장 중요한 기준이었다. 취업준비생들 사이에서는 흔히 '엑셀컷'이라고 불리며 이러한 스펙들로 정렬된 순서가 서류전형의 선발 기준이라고 여겨졌다. 하지만 이제 기업은 더 이상 이런 스펙만으로 우수한 인재인지 여부를 판단하지 않는다. 실제 업무에서 필요한 것은 시험 점수가 아니라 현실의 문제를 풀어 본 경험이기 때문이다.

예를 들어, '토익 900점'이라는 숫자는 영어 실력을 보장하지 않는다. 반면, 해외 인턴십에서 다국적 팀과 협업하며 프로젝트를 완수한 경험은 언어 능력뿐 아니라 소통력, 문제 해결력, 글로벌 감각까지 동시에 증명한다. 마찬가지로 '4.5점 만점 학점'은 성실성을 보여 줄 수는 있을지 모르지만 실제 기업이 원하는 것은 제한된 환경에서 복잡한 문제를 해결한 경험이다. 자격증은 시험 통과를 증명하지만 실제 현장에서 얼마나 쓸모 있게 활용할 수 있는지는 별개의 문제다.

하지만 취업준비생인 학생에게 학점이나 어학 점수, 자격증이 아닌 무엇이 중요하단 말인가? 중요한 것은 그 안의 경험이다. 높은 학점은 그 자체가 중요한 것이 아니고, 왜 학점이 높은지에 본인의 경험을 더해야 의미가 있다. 본인이 높은 학점을 얻을 수 있었던 차별화된 경험이 바로 그것이다. 신입사원들에게 인턴십과 프로젝트 경험이 점점 중요해지는 이유다.

서류 합격·불합격의 차이

안타깝게도 서류전형의 합격률은 모든 전형 중에서 가장 낮다. 일단 지원자가 많기 때문이다. 결국 이 치열한 싸움에서 승리하는 방법은 경험을 스펙으로 구조화하여 보여 주는 것이다. 직무와 무관한 경험은 과감하게 삭제하고, 직무와 관련성이 높은 경험을 중심으로 그 성과와 본인의 행동을 구체적으로 작성해야 한다. 단순히 무엇에 참여하고 성실하게 수행한 것이 중요한 것이 아니고, '어떤 과제에 어떤 역할로 참여했고, 어느 활동을 통해 얼마만큼 구체적인 성과를 거두었는지'가 중요하다.

과연 어떤 경험이 스펙이 될 수 있을까? 먼저 단순히 참여한 것이 아니라 구체적으로 명확히 문제를 해결한 과정과 결과가 있어야 한다. 혼자가 아니라 팀과 함께 성과를 만들고, 그 과정에서 시행착오를 겪으며 성장한 경험이어야 한다. 그 경험이 지원 직무와 직접 연결되거나 유사 맥락에서 활용 가능하다면 금상첨화이다.

　이력서에서 경험의 내용만큼 중요한 것은 보여 주는 방식이다. 단순히 미사여구를 곁들이는 것은 아무 도움이 되지 않는다. 그보다는 구체적인 사실과 숫자가 중요하다. '그 누구보다 성실하게 고객 상담을 했음'보다는 '하루 평균 20건의 고객 불만을 처리하며 응대 매뉴얼을 개선하였음'이, '대학에서 활발한 성격으로 동아리 홍보를 담당하였음'보다는 '3개월 만에 SNS 채널 팔로워 2,000명 증가, 마케팅 영상 콘텐츠 제작 경험'이 더 적합하다.

　경험이 중요한 시대다. 하지만 스펙이 의미가 없어진 것은 아니다. 스펙은 경험을 위한 도구로서 의미가 있다. 스펙이 경험을 증명해 주는 것이 아니라 이제 경험이 스펙을 증명한다.

STEP 09

지원자와 기업이 펼치는 AI 대리전

요즘은 어떤 트렌드를 이야기하더라도 AI가 빠지지 않는다. 그만큼 AI는 우리의 업무와 일상 깊숙이 자리 잡았다. 취업준비생들이 입사할 회사를 고민할 때 챗GPT에 질문하고 답변을 신뢰하는 모습을 볼 때마다 "앞으로는 지원자뿐 아니라 AI 알고리즘에도 긍정적인 채용 브랜드를 만들어야겠구나."라는 생각이 든다. 의도적으로 회사 정보를 AI가 주목할 만한 곳에 노출시키고, AI가 긍정적으로 인식하는 키워드에 맞춰 채용 브랜드 전략을 수립하는 것이다. 이런 채용 브랜딩 활동은 아직 아이디어 단계라고 할 수 있지만 선발 전형에서의 AI 활용은 이미 현실이 되었다.

사람은 본인이 의도하든 그렇지 않든 종종 비합리적인 판단을 한다. 그리고 비합리적인 판단을 하는 동안에도 많은 시간과 에너지를 소비한다. 그에 비해 AI는 주어진 데이터에 따라 공정하게 판단하며 속도도 매우 빠르다. 이렇다 보니 사람이 판단하던 많은 것을 AI가 대체하는 상황은 필연적이라고 볼 수 있다.

채용도 마찬가지여서 AI 채용은 사람이 해 오던 전통적인 방식에 비해 보다 합리적이고 효율적인 방식으로 여겨지고 있다. 실제로 미국『포춘』지 선정 500대 기업의 98% 이상이 채용 절차에 AI 기술을 도입했고, 국내 대기업들도 AI 채용을 본격화하고 있다.

서류전형과 면접전형에서 AI의 활용은 이제 더 이상 새로운 일이 아니다. 많은 기업은 AI Tool을 통해 수많은 지원서의 표절과 오탈자를 가려내고, 우수 인재의 지원서와 직무 기술서 등을 기준으로 적합한 자기소개서를 찾아낸다. 면접위원의 눈을 대신하여 카메라로 녹화된 지원자의 표정을 읽고, 면접위원의 귀를 대신하여 마이크를 통해 녹음된 지원자의 목소리를 듣는다. 안면 근육과 눈동자의 움직임을 추적하고 답변 음성을 문자 데이터로 변환하고 해석한다.

이는 단순히 효율성을 제고하는 관점을 넘어 AI를 통해 보다 공정한 채용을 실현하기 위한 것이고, 지원자들의 만족도 또한 높여 줄 것이라는 기대의 결과이기도 하다. 실제로 지원자의 경험 측면에도 AI 채용은 많은 변화를 가져왔다. AI 채용을 통해 지원자는 각 전형의 결과를 보다 빠르게 확인할 수 있고, 시간과 장소의 제약 없이 언제든 자유롭게 전형에 참여할 수 있게 되었다. 면접위원의 주관적인 판단에 대한 불신과 염려 또한 없으며 면접을 준비하기 위해 똑같이 AI를 활용하면 되니 부담도 덜하다. 그렇다면 실제로 지원자 경험은 AI로 더 나아졌다고만 볼 수 있을까?

AI가 묻고 AI가 답하는 시대

"어느 지원자를 선발하시겠어요?"

한 AI채용 솔루션 기업과의 미팅 자리에서 2개의 이력서를 건네받았다. 채용 업무를 오래 했으니 2개의 지원서를 보고 누가 더 채용될 가능성이 높을지 맞춰 보라고 했다. 지원서의 내용 자체는 동일했지만, 내용을 구성하고 풀어 가는 방식은 조금 차이가 있었다. 두 지원서 모두 동일한 내용이어서 누구를 선발하더라도 똑같겠지만, 굳이 하나를 고르겠다면 더 짜임새 있게 구성된 지원서를 고르겠다며 하나를 손에 들었다. 정리된 구성이나 방식을 볼 때 지원서에 작성된 여러 프로젝트를 그 지원자가 더 깊이 경험한 것으로 보였기 때문이었다.

"팀장님이 고르신 건 챗GPT가 작성한 거예요. 다른 건 실제 사람이 작성한 것이고요."

결국 나는 실제 지원자의 지원서보다 AI가 작성한 지원서를 선택한 것이었다.

AI 채용이 확대되어 가면서 재미있는 현상 중 하나는 지원자들 역시 AI를 활용하여 지원서를 작성하고 면접을 준비한다는 것이다. AI로 지원하는 기업과 직무를 분석하고 AI가 자신을 대신하여 자기소개서를 작성한다. AI 영상면접을 잘 보기 위해 AI를 통해 자신을 훈련시킨다. 마치 기업과 지원자가 각자의 AI 대리인을 내세워 채용을 진행하는 것과 같은 느낌을 준다.

AI 채용은 사람을 대신하고 있지만 사람과 사람의 상호 작용을 대신할 수는 없다. 사람은 사람과의 소통과 교류를 통해 믿음을 가질 수 있다. 그것이 비합리적이라고 해도 사람은 그 비합리성마저 '인간적인' 믿음으로 받아들일 수 있는 복잡한 알고리즘을 가지고 있다. 이렇다 보니 어떠한 기준으로 평가되는지 알 수 없어도 사람을 통해 결정된 결과는 어떻게든 수용하더라도 AI를 통해 결정된 결과를 그대로 받아들이기 어려울 수 있다. 따라서 AI 채용은 사람에 비해 더 투명한 기준 공유가 요구된다.

인간보다 인간적인 AI 평가

챗GPT에게 무엇을 질문하거나 답변에 반응을 할 때 챗GPT는 '좋은 질문이에요!', '정확한 지적입니다!'라는 등의 피드백을 주지만 아무도 그 안에 진심이나 진정성이 있다고 생각하지 않는다. 하지만 사람으로부터의 피드백은 다르다. 제 아무리 가식이라고 해도 사람의 반응이 공허하게만 느껴지지 않는 건 사람에게는 보이지 않는 그 무언가가 있기 때문이다.

AI 채용을 도입하고 확대하는 많은 기업에게 가장 중요한 것은 효율성이 아니다. 그 기업과 직무에 가장 적합하고 뛰어난 인재를 찾아낼 수 있는 공정성을 확보하는 것이 무엇보다 중요하고, 그와 함께 지원자가 느끼는 감정이 중요하다. AI 서류전형과 면접전형에서 지원자는 공정성과 함께 '인간적인 배려'를 느낄 수 있어야 한다.

2022년 미국에서는 확대되는 AI 채용의 공정성, 투명성을 보장하기 위한 목적으로 '알고리즘 책임성 법안(Algorithmic Accountability Act)'이 발의됐다. AI 채용 전형에 대한 지원자의 사전 동의를 받고 지원자에게 AI 채용의 평가 방법 및 알고리즘 작동 방법을 안내하고 AI 채용의 편향성 방지를 위해 그 공정성을 외부에 감사받도록 의무화하는 노력이 요구되는 상황이다.

국내에서도 AI 채용을 제대로 적용하기 위해서는 지원자에게 사전에 전형의 목적과 기준을 가능한 한 투명하게 공유해 주어야 하며, 시스템을 사전에 준비하고 숙지할 수 있는 시간과 절차를 제공해 주어야 한다. 전형 결과에 대해 최대한 신속하고 구체적으로 피드백을 준다면 지원자에게 AI를 넘어 인간적인 감동을 줄 수 있을 것이다. AI 전형은 '인간 중심의 경험 설계'를 통해 표준화하고 개인 맞춤화된 서비스를 제공할 수 있는 방법이기도 하지만 '기술과 효율 중심 설계'에 치우칠 경우 지원자에게 비인간적인 거부감을 불러일으킬 수 있는 경험이 될 수도 있다. 그 과정이 아무리 효율적이고 공정하다고 해도 말이다.

AI 역량검사 솔루션 업체인 마이다스아이티는 단순히 AI 기술뿐만 아니라 뇌신경과학, 사회심리학 등 사람의 정체성에 대한 연구를 기반으로 하고 있다. 뇌의 신경 네트워크에서 흘러나오는 비언어적이고 비의도적인 신호를 수집하여 긍정성·적극성·전략성·성실성 등 성과를 만들어 내는 핵심 역량 지표로 변환하며, 이 분석 과정에서 AI를 활용할 뿐이다. 본질은 인간에게 있다.

AI 전형을 준비하고 참여하는 지원자도 마찬가지다. AI 전형이라고 해서 다를 것은 없다. 그 너머에 인간이 있음을 생각하고, 마치 사람에게 답변하고 대화하듯이 그대로 준비하고 참여하는 것이 중요하다. 모든 AI 전형은 궁극적으로 인간에 가까운 평가자로서 공정하게 인간을 평가하기 위해 설계되고 있다. 결국 인간이 최종 목적이다.

STEP 10

직무 역량 중심 면접,
합격을 가르는 결정적 기준

과거의 면접을 떠올리면 대기실에서 다수의 지원자가 초조하게 순서를 기다리고, 서너 명의 지원자가 함께 면접장에 들어가 앉아 차례대로 자기소개와 질문에 답변하는 장면이 연상된다. 이에 비해 최근의 면접 전형은 매우 신속하면서도 효율적으로 변했다.

통상 2차 또는 3차로 진행되는 면접에서 한두 번은 화상면접으로 진행되는 것이 일반적이며, 하루에 모든 차수의 면접을 실시하는 1Day 인터뷰도 확대되고 있다. 면접전형이 짧고 간결하게 변화하고 있는 것이다. 하지만 과거에 다수의 지원자를 한 번에 모아서 효율적으로 면접을 보던 것에 비해 최근에는 대부분 지원자 한 사람을 다수의 면접위원이 평가한다. 지원자 1명에게 소요되는 면접 시간은 더 길어지고 있는데, 이는 여전히 채용 전형에서 면접이 가장 중요한 판단의 순간이 되기 때문이다.

모든 질문에는 직무 역량이 들어 있다

면접위원의 질문도 바뀌었다. 가족관계나 취미를 시시콜콜하게 묻지 않는 것은 채용절차법 때문이기도 하지만 실제로 평가하고 판단해야 할 요소와 상관이 없기 때문이다. 면접위원들에게 채용은 조직의 역량과 성과를 끌어올리기 위한 절실한 수단이자 절호의 기회이다. 과거에 비해 직무는 점차 세분화되고, 더 이상 스펙만으로 인재를 평가하기 어려워졌다. 지원자들도 면접위원의 질문을 통해 그 직무 분야의 전문성과 체계를 판단하고, 이는 입사 여부를 결정하는 중요한 기준이 되었다.

면접위원의 질문은 더 이상 자유롭지 않다. 과거의 면접위원은 지원서를 훑어보며 즉흥적으로 궁금한 것들을 물어보았다. 대부분 학교와 경력, 일반적인 인성과 추상적인 가치관, 기업에서의 다양한 상황에 대한 선택 등 특정 직무의 실무자를 채용하기보다는 무난한 동료나 후배를 채용한다는 목적이 강한 질문들이었다. 창의성과 민첩성을 알아본다는 명목으로 뜬금없는 난센스 퀴즈를 던지기도 하고, 곤란한 상황으로 몰아붙이는 압박면접을 통해 지원자의 근본적인 인성까지 파악할 수 있다고 믿었다. 하지만 이제 면접위원의 질문은 오로지 직무 역량에 맞춰 준비되고 설계된다.

모든 면접 질문은 지원자의 직무 역량을 평가하여 최대한 정량적으로 점수화하기 위해 던져진다. 이를 위해 구체적인 답변을 얻어야 하다 보니 무엇보다도 지원자의 구체적이 경험이 가장 좋은 소재가 된다. 직무 역량과 관련된 경험을 묻고, 그 경험을 하는 과정에서의 다양한 행동을 구체화하여 최종적으로 왜 그런 행동을 했는지 동기를 파악하는 것까지 모두 직무 역량을 정량적으로 평가하기 위한 것이다. 면접위원 개인의 감이나 촉으로 판단되지 않도록 다수의 면접위원이 함께 최종 합의를 거쳐 직무 역량을 평가한다.

따라서 지원자는 채용 공고의 직무에 대해 필요로 하는 역량이 무엇인지 파악하고, 이를 본인의 직접적인 경험과 연결해야 한다. 그 경험 안에 최대한 구체적인 행동과 정량적인 수치를 포함하고, 이를 하나의 이야기로 준비한다.

면접위원과 지원자 사이에서 더 이상 말로 설명하기 어려운 '느낌적인 느낌'은 아무 필요가 없다. 말로 설명하기 어렵다면 그것은 허상이고 위험이다. 면접위원은 누군가를 선발할 때 명확하고 구체적인 근거를 제시할 의무가 있다. 그리고 그 구체적인 근거를 준비한 지원자가 선발된다.

면접은 답변이 아닌 토론으로 완성된다

면접 방식도 과거 면접위원이 질문을 주도하던 것에서 점차 양 방향의 소통으로 변화하고 있다. 지원자의 질문권을 보장하여 지원자가 역으로 회사와 직무를 확인하고 평가할 수 있도록 하는 '리버스 면접'을 넘어 다양한 사안에 대해 서로의 의견과 질문을 나누는 방식이다. PT 면접에서 지원자의 발표에 대해 면접위원이 질문하고 그 주제로 또 다른 토론이 만들어진다거나 실제 기업의 현안 이슈를 놓고 지원자와 해결 방안을 토론하는 등의 방식으로 지원자와 면접위원이 함께 면접을 만들어 가고 있다.

과거의 면접위원이 대부분 충원 부서의 리더와 상위 리더로 구성되었다면, 이제는 해당 직무의 전문성을 평가할 수 있는 사람이라면 타 부서의 전문가를 면접위원으로 함께 참여시키거나 외부 전문가를 초빙하는 경우도 많아졌다. 뿐만 아니라 같은 직무를 수행하고 협력해야 하는 동료집단이 면접에 참여하는 경우도 많아지면서 자연스럽게 직무의 특정 영역을 함께 토론할 수 있는 분위기가 형성되었다. 이는 전문성뿐만 아니라 팀워크를 평가할 수 있는 중요한 순간이 되었다.

지원자도 더 이상 질문을 기다리고 그에 맞춰 답변하는 수동적인 모습을 원하지 않는다. 보다 적극적으로 면접에서 본인의 강점을 드러내기 위해 면접위원의 질문뿐만 아니라 답변을 기다리고, 답변에 질문과 의견을 덧붙인다. 면접위원은 이러한 순간에 드러나는 지원자의 역량을 관찰하고 평가한다.

채용 방법이 바뀌었다고 하지만 면접의 중요성은 과거와 크게 다르지 않다. 그러나 면접의 내용은 과거와 다르다. 직무 역량의 평가라는 면접의 본질이 더 명확해졌고, 짧은 면접 시간을 통해 지원자의 직무 역량을 평가하거나 본인의 직무 역량을 드러내기 위해 저마다 정교하고 체계적으로 의도된 질문과 답변, 의견과 생각을 적극적으로 나누기 시작했다.

STEP 11

평판조회,
뒷조사가 아닌 앞조사

경력 채용이 늘어나면서 자연스럽게 평판조회가 새로운 필수 전형 절차가 되고 있다. 채용 포털 잡코리아의 전·현직 채용 담당자 427명을 대상으로 조사한 결과(2024. 7. 9.), 채용 과정에 평판조회가 반드시 필요하다는 응답이 91.3%(390명)로 나타났다. 신입에 비해 경력은 인적성검사나 인턴십 등의 절차는 드물지만 다른 검증할 거리, 즉 '경험'이 있다. 이 경험을 제대로 검증하기 위한 절차로 '평판조회'가 과거에도 있었지만 100만 원 내외의 높은 비용과 일주일이 넘는 시간이 부담이었다.

부서장급 이상의 경력 인재를 채용할 때 실시했던 평판조회의 대상을 일반 경력직까지 확대할 수 있었던 것은 '온라인 평판조회' 서비스의 공이 크다. 위크루트 체커, 스펙터 등의 온라인 평판조회 플랫폼이 등장했고, 비용과 시간을 획기적으로 낮출 수 있었다.

최근 '위크루트 체커'에서는 '체커 루키'라는 이름의 신입과 인턴십 선발을 위한 서비스를 내놓았고, '스펙터' 또한 신입 채용 지원자의 평판조회 서비스를 함께 실시하고 있다. 이제 신입 지원자는 교수와 아르바이트 고용주, 선배와 동료들의 평판을 통해 자신의 역량을 증명하는 시대가 되었다.

단순히 스펙으로 인재를 가려내기 어려운 상황에서 인턴십과 같은 경험이 중요해지는 것과 마찬가지로 점차 평판은 필수 평가 요소가 될 것이다. 이렇게 평판조회가 확대되면서 대부분의 지원자는 이를 감내해야 하는 절차로 받아들이고 있다. 하지만 지원자들에게 평판조회라는 전형 절차가 매우 부담스러운 것은 사실이다.

주의해야 할 점은 이 경험의 과정에서 지원자들의 부담을 간과해서는 안 된다는 것이다. 여전히 일부 기업과 채용 담당자는 지원자와의 관계에서 '갑'의 위치를 고수하고 있다. 지원자의 과거 경력을 검증하고 성과를 파악하기 위해 무분별한 평판조회를 강요할 수 있다는 생각으로 명확한 사전 안내와 동의, 평판조회인 지정 등의 절차를 무시하는 경우도 많고 부적절한 질문을 통해 지원자와 조회인 모두에게 부정적인 기업 이미지를 남기는 경우도 많다.

과거의 경험이 아닌 미래의 가능성을 묻다

평판조회도 지원자 경험을 고려해야 한다. 먼저 평판조회의 목적과 방법, 대상, 활용 범위 등을 명확히 사전에 안내하고, 지원자의 동의를 반드시 받는 것이 기본이다. 평판조회 질문 내용은 그 기업의 인재 철학 수준을 보여 준다는 점을 유의해야 한다. 단순한 험담 유도성 질문이나 퇴직 사유에만 집중하기보다는 지원자의 강점, 협업 방식, 리더십 스타일, 조직 문화 적합성 등 입사 후 성공 가능성에 초점을 맞춘 질문이 바람직하다.

평판조회에 참여하는 평판 정보 제공자들은 채용 검토 대상자와 매우 가까운 관계일 가능성이 크다. 그들로 하여금 채용 검토 대상자에 대한 과거의 부정적인 사실 유무를 지나치게 파헤치기보다는 미래의 성장을 함께 기대하고 응원하며 조언을 구하는 방식으로 질문이 이어져야 한다.

부정적인 과거에 집착하기보다 긍정적인 미래에 집중하는 기업의 이미지는 채용 검토 대상자뿐만 아니라 지원자의 지인들인 평판 정보 제공자들에게도 긍정적인 인상을 줄 수 있다. 채용 검토 대상자의 지인들 또한 채용 검토 대상자와 유사한 역량과 경험을 가지고 있는 인재일 수 있다는 점, 그리고 업계 평판을 구성하는 중요한 요소라는 점을 함께 고려해야 한다.

평판조회는 단순한 정보 수집이 아니라 지원자의 신뢰를 얻고 기업 이미지를 형성하는 중요한 접점이다. 채용에서 중요한 것은 정보를 얼마나 많이 모으느냐가 아니라 어떻게 모으고, 어떻게 존중하는가이다. 이런 태도의 차이가 결국 좋은 인재가 조직을 선택하도록 만드는 결정적 차이가 된다.

STEP 12
경력에도 수습 기간이 있다

"원래 경력으로 입사해도 수습 기간이 있었나?"

최근에 한 외국계 기업의 팀장급으로 이직한 지인으로부터 경력직 수습 기간에 대한 문의를 받았다. 그는 입사 첫날 3개월간의 수습 기간이 있음을 안내받았는데, 1개월마다 평가를 거쳐 3개월이 되는 시점에 지속 고용 여부를 결정한다고 했다.

많은 기업이 신입, 경력직 할 것 없이 입사 시점에 수습 기간 합의서를 작성하고 있기는 하지만 실제로 수습 기간을 운영하고 공식적으로 평가를 거쳐 지속 고용 여부를 결정하는 경우는 거의 없다. 아무리 평가를 거친다고 해도 수습 기간 이후 고용을 중단하는 것은 해고만큼이나 쉽지 않다. 그런데 경력직을 그것도 팀장급을 채용하면서 수습 기간을 운영한다는 것이 쉽게 이해되지 않았다.

실제로 최근 들어 경력직을 채용하면서 수습 기간을 운영하는 사례가 늘고 있다. 2020년에 사람인에서 조사한 결과, 조사 대상 기업(385개 기업) 중에서 경력직 채용 시 수습 기간을 운영하는 기업의 비중은 51.7%로 과반이 넘는다. 물론 그중에서 공식적으로 평가를 거쳐 지속 고용 여부를 결정하는 사례는 많지 않겠으나, 경력직으로 입사하는 인원 중 상당수가 수습 기간 합의서를 작성한다는 말이 된다. 최근 경력으로 이직한 지인들을 보더라도 국내 일부 대기업도 경력직 수습 기간을 운영하고 있으며, 면접 과정에서 "우리 회사는 수습 기간이 있는데 괜찮은가?"를 묻는다는 사례도 많았다.

채용 규모가 축소되고 내부 육성 절차가 간소해지는 상황에서 1명의 인재를 제대로 채용하는 것이 매우 중요해지고 있다. 특히 잘못된 인재가 채용되었을 경우 부정적인 파급 효과가 크다 보니 수습 기간으로 안전장치를 걸어 두고 싶은 기업의 마음도 이해는 간다.

구직자의 관점에서 수습 기간은 어떨까? 실제로 사람인의 2020년 조사에서 경력 구직자를 대상으로 '지원한 기업에서 수습 기간이 있다면 어떻게 할 것인가?'라는 질문에 대해 19.1%는 지원하지 않겠다고 했으며, 36.8%는 이직 조건에 따라 지원을 고민하겠다고 답했다. 결국 절반이 넘는 지원자는 수습 기간을 부정적으로 생각하고 있다는 것이다.

본인을 포함한 가족의 생계, 커리어의 연속성을 고려하여 이직을 결정한다. 그런데 수습 기간 동안 고용이 보장되지 않거나, 평가 결과에 따라 고용이 중단될 수 있다는 불안은 상당한 심리적 압박으로 작용한다. 특히 퇴사 이후 일정 공백 없이 이직하는 경우, 수습 기간 중 고용이 종료될 가능성은 경제적·심리적으로 큰 리스크로 느껴질 수밖에 없다.

무엇보다도 바탕에 깔려 있는 '신뢰 부족'의 정서가 더 큰 문제다. 면접과 평판조회를 거쳤음에도 불구하고 전문성을 인정받지 못한 채 한 조직에 들어간다는 것은 부담이 될 수밖에 없다. 게다가 3개월 후 평가라는 장치는 조직에 안정적으로 적응하고 직무를 통해 성과를 만들어 나가는 과정에서 오히려 방해가 될 수도 있다. 나를 든든하게 믿어 주고 함께 하려는 것이 아니라 '얼마나 잘하나 보자.'며 미심쩍게 지켜보는 모습은 입사자를 더욱 위축시킨다.

수습 기간은 필터링이 아닌 관찰과 지원의 시간이다

경력직 인재를 채용하는 데 있어 수습 기간은 매우 커다란 걸림돌이 되는 반면에 수습 기간의 실효성은 생각보다 크지 않다. 실제로 수습 기간을 거쳐 채용이 철회되는 경우는 매우 드물고, 법적인 절차와 리스크를 고려하면 사실상 해고에 가까운 결정을 내리는 것이기 때문에 기업의 입장에서도 결코 가볍지 않다. 그럼에도 불구하고 이직이 점차 활발해지고 근속이 짧은 주니어 탤런트 채용이 확대되면서 경력직 채용에서 수습 기간을 운영하려는 시도는 더 많아질 것이다.

기업은 수습 기간의 목적을 '잘못된 사람을 자르기 위한 절차'가 아닌 조직 적응을 위한 '관찰과 지원'으로 설정할 필요가 있다. 기업은 구직자에게 왜 수습 기간이 필요한지, 어떤 기준으로 평가할 것인지, 이 기간 동안 어떤 지원과 피드백이 제공될 것인지를 명확히 설명해야 한다.

"요즘 경력직 채용할 때 다들 그래요."라는 식의 일방적인 통보는 구직자에게 불안감을 주고, 기업에 대한 신뢰를 훼손한다. 반대로 수습 기간이 단순한 보류나 관망의 시간이 아니라 입사자의 성공적인 조직 정착을 위한 공동의 시간이라는 점을 분명히 하고, 정기적인 피드백과 학습 기회를 제공한다면 오히려 입사자에게 긍정적인 경험으로 작용할 수도 있다.

물론 수습 기간 동안 충분한 지원과 배려에도 불구하고 조직과 직무 적응에 실패한 합격자라면 수습의 기준에 따라 채용 철회 내지는 해고를 진행해야 할 것이다. 하지만 수습 기간의 목적을 부정적인 상황을 염두에 두고 설정한다면 지원자와 입사자에게 부정적인 감정을 먼저 심어 두고 채용을 진행하는 것과 같다.

반대로 수습 기간의 목적을 '관찰과 지원'으로 한다면 지원자와 입사자는 한결 가벼운 마음으로 새로운 조직과 직무에서 함께 더 크게 성장할 미래를 그려 볼 수 있을 것이다. 채용은 언젠가 잘라 내야 할 사람을 들이는 것이 아니라 오랜 기간 함께 성장할 수 있는 인재를 들이는 일이다.

법률적인 실효성 해석은 논외로 하고, 유명무실했던 수습 기간이 점차 중요해질 것으로 보인다. 신입과 경력 모두에게 점차 필수적인 검증의 절차가 될 수 있으며, 기업이 이 경험을 어떻게 설계하는지에 따라 지원자 경험이 어떻게 완성될지가 정해질 것이다.

취업 실전 가이드 3

취업준비생을 위한
채용 전형 단계별 공략법

　기업은 추상적이고 모호한 '나' 자체가 아니라 자신들의 무대 위에서 함께 성과를 만들어 갈 수 있는 구체적인 인물을 원한다. 그렇기 때문에 채용 전형은 있는 그대로의 '나'를 어필하는 과정이 아니다. 마치 나를 표현할 수 있는 새로운 옷을 갈아입듯 기업이 원하는 인재상의 색깔을 내 안에 입히고, 그에 맞는 또 다른 '나'를 설계하는 과정이다.

　자기소개서는 화려한 문장이 아니라 살아 있는 경험을 말해야 한다. 면접장은 시험장이 아니라 나를 표현하는 무대이다. 인턴십에서는 스펙보다 성장의 흔적이 더 빛난다. 결국 취업 여정은 '내가 누구인가?'라는 질문을 넘어 '나는 어떤 모습으로 함께 일할 수 있는가?'를 증명하는 과정이다.

✅ 준비 : 인재상에 따라 부캐를 만들어라

많은 취업준비생이 '있는 그대로의 나'를 강조하지만, 기업은 추상적인 개인보다는 자신들의 인재상에 맞는 구체적 인물을 찾는다. 따라서 준비 단계에서 해야 할 일은 기업이 제시하는 인재상과 채용 공고의 요구 역량을 철저히 분석하고, 그에 맞는 '부캐'를 만드는 것이다.

부캐란 가짜 인격을 꾸민다는 뜻이 아니다. 어차피 기업에서 일하는 '나'는 본연의 내가 아니라 그 조직에서 함께 일하며 성과를 만들어 내기 위해 만들어진 또 다른 '나'이다. 부캐를 만든다는 것은 회사원으로서 성장하고 성과를 만들기 위해 본연의 나를 바탕으로 정체성을 재구성하는 작업이다. 예를 들어, 데이터 분석적 사고를 중시하는 기업과 직무라면 타인을 배려하고 협력하는 활동보다는 다양한 데이터를 수집하고 분석하여 문제를 해결했던 경험을 부각해야 한다. 기업의 인재상에 부합하는 '버전의 나'를 설계하는 것, 이것이 준비의 핵심이다.

기업의 인재상이란 개인 본연의 모습을 요구하는 것이 아니다. 여러 상황에서 특정한 방식으로 사고하고 행동하기를 원하는 규범이나 요구 사항이다. 결국 인재상에 내가 맞는지가 중요한 것이 아니고, 인재상대로 내가 할 수 있는지가 중요하다. 그것을 내가 꾸준히 해낼 수 있다면 그 기업의 인재상이 자신에게 적합하다고 판단할 수 있다.

- 홈페이지, 홍보 영상, 채용 공고문을 통해 그 기업과 직무가 원하는 인재상을 분석한다.
- 인재상의 키워드와 나의 경험을 연결하여 부캐를 만든다.(부캐가 만들어지지 않는다면 그 기업과 그 직무는 나에게 맞지 않는 것이다.)
- 그 부캐의 가치관에 따라 전형 과정에서 생각하고 행동한다.

✓ 입사 지원 : 이제 자소설은 그만, 진짜 경험을 써라

"저는 세상에서 열정이라는 가치가 가장 중요하다고 생각합니다."

"무슨 일이 주어져도 언제나 포기하지 않고 강한 의지를 가지고 끝까지 해냈습니다."

수많은 자기소개서에서 이런 문장들을 쉽게 볼 수 있다. 하지만 정작 이 문장을 읽는 채용 담당자나 현업의 리더들에게는 아무런 의미를 주지 못한다. 자기소개서에서 정해진 글자 수를 낭비하는 셈이다.

"○○기업 ○○직무로 인턴을 시작하는 첫 날, 멘토의 갑작스런 장기 해외 출장으로 제 인턴 과제의 진행에 문제가 생겼습니다. 팀장님께 면담을 요청드렸고, 저의 ○○○○ 자격과 ○○○○ 경험을 통해 ○○○○ 과제를 진행할 수 있음을 말씀드렸고, 새로운 과제와 멘토를 배정받았습니다. 이 과제에서 ○○○○ 방식을 직접 운영하여 과거 ○○%에서 1개월 만에 ○○%를 달성할 수 있었습니다."

이 글은 화려하지 않지만 채용 담당자나 현업 리더들의 눈길을 끈다. 현업에서 발생할 수 있는 돌발 상황이 있었을 때 본인 주도로 문제 해결을 시도했다. 본인이 가진 역량을 드러내고 있고, '새로운 과제와 멘토'를 통해 긍정적으로 문제를 해결하는 과정과 최종 성과를 구체적인 수치와 방법으로 표현했다. 이것은 실제 경험이기에 더 선명한 공감을 이끌어 낼 수 있다.

자기소개서를 쓸 때 가장 중요한 것은 구체적인 경험이다. 자기소개서는 작문 능력이나 창의성을 보기 위한 것이 아니다. 이미 AI를 통해 충분히 구조적이고 조리 있는 글은 얼마든지 가능하므로 지원자가 신경 써야 할 부분은 자신의 구체적인 경험 그 자체이다. 불필요한 수식어는 오히려 불신의 요소가 된다.

'구체적인 경험'이 준비되어 있다면 이제 그것을 독자인 그 기업의 채용 담당자와 그 직무를 담당하는 현업 리더의 언어에 맞춰 작성하는 과정이 필요하다. 이를 위해 가장 좋은 방법은 채용 공고문과 그 기업의 각종 보도자료나 간행물 등을 통해 그 기업과 그 직무의 언어를 활용하는 것이다. 특히 그 기업의 지속가능성보고서(Sustainability Report), ESG 보고서를 보는 것을 추천한다. 그 보고서는 각 현업부서의 용어가 그대로 녹아들어 있고, 많은 임원의 눈을 거쳐 정제되어 있다. 그 보고서의 단어와 문구를 자신의 경험과 연결할 수 있다면 그 기업 맞춤형의 자기소개서가 완성될 수 있다.

- 기업과 직무와 관련된 구체적인 경험을 준비한다.
- 경험의 구체적인 행동과 결과, 숫자와 고유명사를 증거로 정리한다.
- 지원하는 기업의 언어를 파악하고 그 언어를 활용하여 자기소개서를 작성한다.

✓ 면접전형 : 면접은 지원자가 주인공이다

면접은 채용 전형의 본선 무대이자 합격을 결정짓는 가장 중요한 순간이다. 많은 취업준비생이 면접을 일종의 '시험'처럼 여기지만, 실제로는 지원자가 자신을 가장 강렬하게 보여 줄 수 있는 자기표현의 무대이다. 기업은 단순히 말을 잘하는 지원자가 아니라 그 기업과 직무에 맞는 역량을 보유한 지원자를 선택한다. 따라서 단순히 '주어진 질문에 답변을 잘하는 것'이 아니라 내가 왜 이 조직과 직무에 필요한 사람인지를 설득하는 전략이 필요하다.

면접의 주도권은 지원자에게 있다. 그 무대의 시나리오는 바로 지원자가 작성한 이력서와 자기소개서이기 때문이다. 또 하나의 시나리오가 있는데, 바로 채용 공고문의 직무기술서(Job Descriptio)이다. 많은 기업에서 AI를 활용하여 지원자의 이력서 및 자기소개서와 채용 공고문 내용을 바탕으로 면접 질문을 뽑아내는 경우가 많아졌다. 지원자는 이에 당황하지 말고, 이를 역으로 이용하면 된다. 먼저 AI를 활용하여 예상 질문을 뽑고 그에 대한 답변을 미리 준비해 보는 것이다. 면접은 애초에 지원자에게 유리한 게임이다.

그럼에도 불구하고 면접을 망치는 가장 큰 이유는 답변이 구체적이지 않기 때문이다. 답변이 구체적이지 않다는 것은 지원자 스스로 그 경험을 제대로 하지 않았거나 그 기억을 체계적으로 정리하지 않았다는 것을 의미한다. 모든 사람이 똑같은 경험을 했다고 해서 동일한 기억을 가지고 동일하게 성장하는 것은 아니다. 누군가에게는 그 경험이 기억에 모호하게 남는 경우도 있고, 누군가에게는 그 경험이 체계적으로 정리되어 선명하게 기억되고 자신의 미래 행동에 큰 영향을 주는 경우도 있다. 따라서 그 경험을 최대한 구체적이고 체계적으로 정리하고 되새기는 것이 중요하다.

면접은 지원자 본인이 주인공이다. 단순히 질문을 기다리고 답변하는 것을 넘어 다양한 방식으로 면접에 주도적으로 참여하고 이끌어 가야 한다. "그 질문에 대한 답변은 이상입니다만, 혹시 괜찮으시다면 제 의견을 덧붙여 말씀드려도 될까요?", "그 문제는 이렇게 해결할 수 있었습니다. LG이노텍에서는 혹시 다른 해결 사례가 있으신지요?"와 같이 자연스럽게 면접위원에게 의견이나 질문을 던지는 것이 필요하다.

면접위원이 작성하는 평가결과 화면을 떠올려 본다. 물론 실제로 그 화면을 볼 수는 없지만 면접위원은 면접장에서 나의 답변을 통해 나를 어떻게 쓸 것인지를 생각해 보는 것이다. 중요한 것은 면접위원이 쓸 수 있는 '소재'를 내가 제대로 전달해야 한다는 점이다. 이를 위해 언제나 답변은 두괄식으로, 증거는 구체적으로, 마무리로 역량을 강조하는 대화법이 중요하다. 마치 면접위원이 지원자의 역량을 받아 쓸 수 있을 정도로 친절하게 알려 주어야 한다. 대부분의 면접위원은 그런 친절한 지원자의 답변을 기다리고 있다.

• 이력서와 자기소개서, 채용 공고문으로 면접 시나리오를 만들어라.

- 면접 무대의 주인공으로서 질문의 답변뿐만 아니라 의견과 역질문을 적극 활용하라.
- 면접위원이 받아 쓸 수 있을 정도로 직무 역량을 구체적이고 명확하게 알려 주어라.

✓ 인턴십 : 성장을 목격하게 하라

　기업은 인턴십을 통해 참가자의 실제 조직과 직무에서 현재 역량이 어떠한지를 평가하는 동시에 그 기간 동안 어떻게 적응하며 성장하는지를 함께 관찰한다. 따라서 참가자는 인턴십 기간 동안 조직과 직무에 빠르게 적응하는 모습을 능동적으로 보여 주는 것이 필요하다. 이 과정에서 중요한 것은 멘토 및 부서장과 수시로 소통하며 피드백을 받아들이고, 이를 성장에 반영하는 모습이다. 작은 과업을 완료할 때마다 그 성과를 스스로 확인하고 멘토와 부서장에게 어떤 점에서 개선이 필요할지 물어봐야 한다. 그들의 작은 피드백 하나도 놓치지 않고 다음 과업에서 충실하게 반영하여 개선되는 모습을 보여 주어야 한다. 피드백을 흡수하여 바로 성장하는 모습이야말로 인턴십을 통해 보여 줄 수 있는 최고의 역량이자 성과라고 할 수 있다.

　이러한 인턴십의 여정을 매일 일기처럼 기록해 두는 것도 필요하다. 매 일정마다 과업은 어떻게 진행했는지, 어떤 피드백이 있었는지, 그리고 무엇을 배우고 느꼈는지 기록하는 것은 인턴십 과정을 충실하게 만들 뿐만 아니라 향후 이력서 및 자기소개서와 면접의 답변을 풍부하게 만들어 준다. 스펙이 상향평준화되고 직무 역량이 무엇보다도 중요한 지금, 인턴십이야말로 가장 차별화된 본인만의 경쟁력이다.

앞으로의 채용 전형에서 평판은 중요한 평가 기준이 될 것이다. 따라서 인턴십 과정에서 만나게 되는 멘토와 부서장, 유관부서의 실무자들, 그리고 다른 인턴 참가자들 모두에게 본인의 긍정적인 이미지를 심어 주고 네트워크를 구축하는 것이 중요하다. 인턴십에 참가한 자신과 여러 가지 방식으로 소통하고 협력하는 이들에게 감사의 마음을 표현하고, 함께 도움을 주고받으며 자신의 이미지를 구축하고, 인턴십이 종료된 이후에도 그 이미지를 관리해야 한다. 그렇게 만들어진 자신의 이미지와 네트워크는 취업 과정뿐만 아니라 향후 기나긴 커리어 여정에서 든든한 조력자가 될 것이다.

- 수시로 피드백을 구하고, 피드백을 통해 성장하는 모습을 보여 줘라.
- 인턴십의 여정을 빠짐없이 기록하고 자신의 직무 역량으로 구성하라.
- 인턴십 과정에서 만나는 모든 사람과 가치 있는 네트워크를 만들어라.

CHAPTER 4

채용과 취업의 새로운 기준 : 지원자 경험

많은 대기업에서 시행하고 있는 복리후생 제도 중 하나로 '의료비 지원 프로그램'이 있다. 내가 소속된 회사에서도 구성원 본인과 가족의 의료비를 지원하는 프로그램을 운영하고 있으며, 특히 구성원 본인의 의료비는 연간 최대 2,000만 원까지 지원해 주고 있다. 구성원에게 정말 좋은 제도임에도 불구하는 나는 20년이 넘는 회사 생활 중에 한 번도 이 프로그램의 수혜를 받아 본 적이 없다. 다행히도 큰 병을 앓지 않은 것이 그 이유이지만 또 다른 이유가 하나 더 있다.

제도 중심이 아닌 직원의 관점에서 보다

내가 회사에 입사한 2000년대 초반, 우연히 한 선배사원이 본인의 의료비 지원을 받기 위해 병원과 약국 영수증을 A4용지에 하나씩 풀로 붙이는 모습을 보게 되었다. 구겨진 영수증을 하나씩 펴서 붙이면서 지원이 되는 항목과 그렇지 않은 항목을 구분하고 옆에 전자계산기로 금액을 하나씩 합산하고 신청서에 옮겨 적었다.

의료비 지원 청구의 여정은 그걸로 끝이 아니었다. 다시 주관부서와 통화를 하며 추가로 필요한 서류를 요청받았고, 몇 가지 항목과 금액을 수정해야 했다. 몇 번의 우편 서류가 서로 오간 후에야 결국 의료비 지원을 받을 수 있었던 과정을 옆에서 보면서 의료비 지원 프로그램은 '회사로부터 돈을 받기 위해 내가 쓴 의료비를 증명하고 검증받아야 하는 번거로운 절차'라는 인식을 가지게 되었다. 그 인식은 이제 모든 것이 온라인으로 간편하게 바뀐 지금도 여전하다.

　기업의 입장에서 '의료비 지원'은 많은 비용이 들면서도 구성원의 만족도를 높일 수 있는 프로그램이며, 당연히 구성원들의 입장에서 무조건 좋아할 것이라고 생각한다. 기업은 그 프로그램을 만들어 구성원에게 안내하고 엄격한 기준에 따라 제대로 운영하기만 하면 프로그램의 성과는 그대로 거둘 수 있을 것이라 생각한다. 하지만 그 프로그램이 실제로 그만한 가치를 가지는지에 대해서는 구성원의 입장에서 직접 경험하고 생각해 봐야만 한다.

　의료비 지원을 신청하는 구성원은 일단 몸이 아프거나 힘든 경험을 가지고 있는 상태이다. 의료비 지원을 신청하기 위해 본인의 질병 진단과 비용 결제, 세세한 항목을 계산해야 하는 것은 불편할 뿐만 아니라 기업이 '나를 신뢰하지 않는' 상태에서 그것을 증명해야 하는 과정이 불쾌할 수도 있다. 일부의 경우, 담당자의 불친절함과 귀찮음이 구성원에게 상처를 주기도 한다. 게다가 의료비 지원은 이미 많은 기업에서 필수적으로 운영하는 프로그램이다 보니 구성원으로서는 회사가 베푸는 은혜라기보다 정당한 보상으로 생각해 이런 절차가 불편하고 불쾌하게 여겨진다.

　기업은 아픈 구성원에게 의료비 지원 프로그램이 있으니 그저 감사해하길 바라기보다 실제로 그들에게 이 프로그램이 어떻게 작동되며 어떤 감정을 유발하는지를 살펴봐야 한다. 이를 위해서 프로그램 자체의 세부적인 기준에 집중할 것이 아니라 구성원의 경험에 집중해야 한다. 프로그램을 설계하는 것보다 그 프로그램에 대한 구성원의 '경험'을 설계하는 것이 중요하다.

경험이 신념·행동·성과로 이어지는 과정

글로벌 컨설팅 기업인 컬처 파트너스(Culture Partners)의 '결과 피라미드(The Results Pyramid)' 모델은 경험의 중요성을 잘 설명한다. 사람은 스스로 경험한 사실과 감정에 따라 '이렇게 하면 이렇게 될 것이다.'라는 신념을 가지게 된다. 그리고 신념에 따라 실제로 '이렇게' 행동을 하게 되고, 대부

컬처 파트너스의 '결과 피라미드'

Results
Action
Beliefs
Experiences

분의 경우 행동에 따라 '이러한' 성과가 만들어진다. 성과를 만드는 근원은 바로 '경험'이라는 것이 '결과 피라미드' 모델의 핵심 내용이다.

앞서 말한 의료비 지원 프로세스는 과거의 나에게 '불편한 절차의 목격'이라는 경험을 주었고, '의료비 지원을 받으려면 그것을 증명하고 신청하기 위해 귀찮고 불편한 과정을 거치게 된다.'는 인식을 심어 주었다. 결국 의료비 지원을 받을 법한 상황이 발생하더라도 과거의 경험에 기반을 둔 신념은 행동을 막고, 의료비 지원이라는 소소한 성과마저 차단했다.

재미있는 것은 과거의 아주 오래된 작은 경험 하나가 지금의 구체적인 이득을 얻을 수 있는 행동과 성과를 여전히 막고 있다는 점이다. 아무리 불편하고 귀찮고 시간이 든다고 해도 실제로는 금전적인 이익이 훨씬 크고, 지금은 온라인 시스템으로 신청 절차가 매우 간편해졌는데도 이전의 작은 기억이 여전히 남아 불합리한 행동을 하고 있다.

실제로 많은 사람이 경험과 그를 통해 만들어진 신념에 따라 행동하며, 그 행동은 때때로 합리성과는 거리가 멀다. 노래 한 곡을 듣기 위해 유튜브 앱을 열기보다는 레코드판을 꺼내어 턴테이블에 올리는 수고를 기울이기도 하고, 쾌적한 실내 레스토랑을 마다하고 따가운 햇볕을 그대로 받는 야외 테이블을 찾아 나서기도 한다. 고작 음악과 음식에 불과한데 왜 그렇게까지 하는 걸까라고 생각할 수 있지만, 결국 그 경험의 조각들이 채워지는 것이 일상이며 인생이다.

STEP 13

아웃바운드/인바운드보다 중요한 것은 '경험'

채용의 소싱 방법은 크게 인바운드(Inbound)와 아웃바운드(Outbound)로 구분할 수 있다. 인바운드 채용은 마치 낚싯줄을 드리우고 물고기를 기다리는 낚시와 비슷하게 모집 공고를 내걸고 자발적인 지원자들을 기다리는 방식이다. 그에 비해 아웃바운드 채용은 작살을 들고 물속에 뛰어드는 사냥으로 잠재적인 후보자들을 직접 찾아내어 면접장까지 어떻게든 끌고 오는 방식이다.

최근에는 모집 공고를 통해 지원하는 사람은 점점 줄어들고, 링크드인과 같은 인재 플랫폼들이 계속 늘어나면서 검토할 수 있는 후보자가 훨씬 많아지는 아웃바운드 채용이 대세가 되고 있다. 과거와 같이 다수의 인재를 대규모로 채용하기보다 소수의 필요한 인재를 수시로 채용하는 시대에는 아웃바운드 채용이 훨씬 효과적이기 때문이다.

과거 인바운드 중심이었던 채용 방식을 아웃바운드로 전환하기 위해 많은 기업이 다이렉트 소싱을 위한 다양한 방법을 동원하고 있다. 방법 중의 하나로 서치펌의 헤드헌터를 인하우스 리쿠르터로 직접 고용하여 직접 인재를 소싱하거나 서치펌과의 협업을 주도하게 한다. 채용 담당자들에게 소싱 스킬을 훈련시켜 단순히 채용 전형을 운영하는 것이 아니라 서치펌에서 하던 인재 발굴을 직접 수행하도록 채용 담당자의 역할을 확대하고 있다.

채용 담당자만으로는 닿을 수 없는 영역의 인재들을 찾아내기 위해 조직 안의 다른 직무 구성원들, 예를 들어 특정 국가의 전문가나 특정 기술 분야 네트워크를 보유한 연구원 등과 TF팀을 구성하여 다양한 관계와 수단을 통해 인재들을 직접 소싱한다. 특정 대학원 연구실의 선배가 잘 알지 못하는 까마득한 후배들에게 이직을 제안하는 메일을 뿌리는 것도 심심치 않게 볼 수 있다.

서치펌과의 파트너십도 좀 더 체계적이면서 전략적으로 변화하고 있다. 직무 분야별로 특화된 서치펌(정확히 말하면 헤드헌터)을 매칭하여 서치펌 포트폴리오를 구성한다. 특정 헤드헌터와 오랜 기간 동안 기업이 추진하는 사업과 기술, 제품, 직무 정보를 함께 공유하며 인하우스 리쿠르터에 준하는 내부 이해를 갖춘 헤드헌터로 육성한다. 다양한 서치펌을 정기적으로 평가하여 서치펌 풀(Pool)을 재구성하고 우수한 서치펌에게 특정 분야의 단기독점권을 부여하여 적극적인 협력 관계를 유도하는 동시에 빠르고 정확한 피드백으로 서치펌의 활동과 성과를 지원한다. 결국 그 성과는 기업의 몫이 되기에 중요한 투자라고 볼 수 있다.

이미 입사한 구성원들도 인재 채용의 중요한 채널이다. 많은 기업이 구성원 추천 채용 제도를 운영하면서 추천 인재가 입사하거나, 일

구성원 추천 채용 안내문 사례

부는 서류전형만 통과해도 인센티브를 지급하고 있다. 이른바 '텐트폴(Tentpole)' 인재를 영입하면서 그를 통해 다수의 인재를 끌어모으는 전략을 쓰기도 한다.

수시채용의 시대에 인재를 확보해야 하는 기업들에게 이런 채용 전략과 방법은 효과적이면서 필수적이다. 하지만 모든 채용을 이렇게만 할 수 있을까? 그렇게 하기에는 매년 채용해야 하는 인재들의 수에 비해 채용 담당자도 부족하고 서치펌 수수료 비용도 부담이다.

　무엇보다도 기존의 인바운드 채용 또한 분명한 장점을 가지고 있다. 자발적이고 몰입도 높은 지원자들을 모으고 전형을 안정적으로 진행할 수 있으며, 제대로 구축된 브랜드와 프로세스는 몇 번이고 반복하여 인재들을 끌어모으는 데 효과적이다. 따라서 아웃바운드 채용이 대세라고 고집할 이유도 없고, 과거의 인바운드 채용에만 매달릴 필요도 없다. 대상과 상황에 맞춰 전략적으로 채용을 하는 것이 중요하다. 본질적으로 그보다 중요한 것은 따로 있다.

HUBSPOT는 왜 인재를 찾아 나서지 않는가?

　정기공채가 없는 미국에서는 기업들이 대부분 아웃바운드로 인재를 채용한다. 사내의 리쿠르터가 직접 인재를 찾아 나서거나 외부의 서치펌을 활용하고, 내부 구성원의 추천 채용이 대세를 이룬다. 신입도 대부분 인턴십을 통해 채용하다 보니 동문 선배들의 추천이 절대적으로 중요하다.

　이러한 미국에서 마케팅 플랫폼 기업인 허브스팟(Hubspot)은 차별적인 채용 방식으로 주목받았다. 연 매출 약 23억 달러, 구성원 8,500명의 허브스팟에는 이름난 대학과 기업 출신의 인재가 많은데, 특이한 점은 상당수의 인재를 인바운드 채용을 통해 영입했다는 것이다. '인바운드 마케팅 플랫폼'이라는 사업 아이템을 채용에도 적용하여 인바운드 채용 전략을 효과적으로 구사하고 있다.

　허브스팟은 그들의 블로그를 통해 채용 전형을 매우 상세하게 소개한다. 무엇을 준비하고 주의해야 하는지 지원자들에게 친절한 안내를 통해 준비할 때 불필요한 시간을 허비하지 않도록 도와준다. 불합격자에게는 단순히 불합격 안내와 위로를 넘어 무엇이 부족했는지에 대한 피드백과 그 부분을 강화할 수 있는 온라인 교육을 제공한다.

허브스팟이 2020년 글래스도어(Glassdoor)에서 '가장 일하기 좋은 기업'에 선정될 수 있었던 것도 결국 이러한 차별화된 지원자 경험에서 시작한 것이라고 볼 수 있다. 특히 이 기업의 채용팀이 평가받는 KPI가 채용

2020년 글래스도어의 '일하기 좋은 기업' 선정

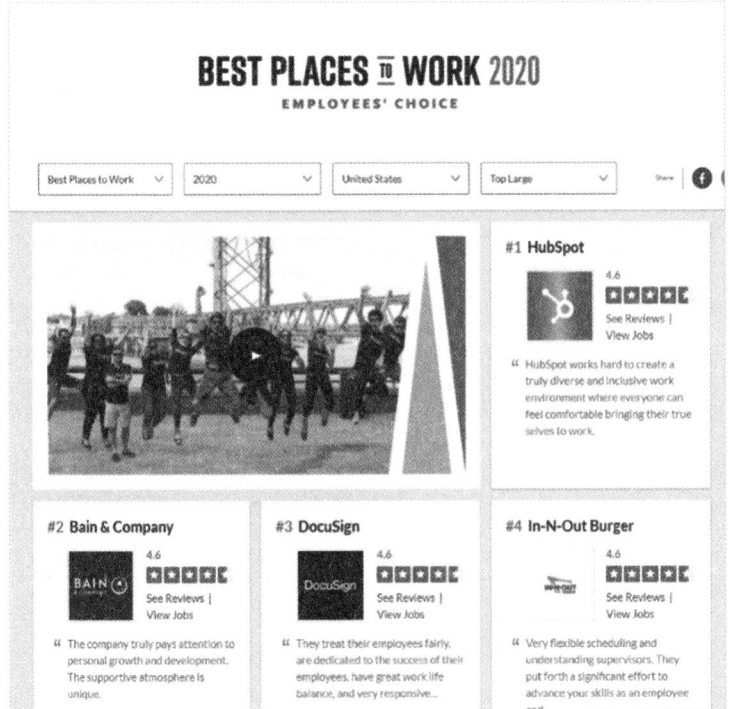

인재의 숫자나 확보 시점이 아니라 '지원자 만족도'라는 점만 보더라도 지원자 경험에 얼마나 진심인지 알 수 있다.

경험으로 믿고 선택하는 취업, 경험으로 이어지는 채용

채용 방식은 크게 인바운드과 아웃바운드로 나눌 수 있지만, 중요한 것은 실제로 그보다 훨씬 다양한 전략을 대상과 상황에 맞춰 얼마나 잘 구사하는가이다. 그 과정의 핵심은 결국 '지원자들의 경험'에 있다. 채용 브랜딩을 위해 아무리 '우리 회사 좋은 회사'를 외쳐도 그걸 그대로 믿는 지원자는 없다. 멋진 회사 홍보 영상에서 직원들이 함께 회의하면서 모니터에 손가락을 가리키는 모습은 진부하다. 지원자들은 이미 많은 정보를 알고 있고, 번지르르한 영상 속 이미지보다 본인이 직접 '경험'하거나, 또는 '그것을 경험한 누군가의 얘기'를 더 신뢰한다. 그래서 경험이 중요하다.

기업을 선택하는 기준이 되는 연봉, 근무지, 워라밸과 같은 것들은 사실 채용 담당자가 어찌할 수 없다. 하지만 지원자의 입사 여정에서의 '경험'은 다르다. 그 경험에서 채용 담당자는 매우 많은 부분에서 영향을 끼치게 된다. 그래서 채용 담당자는 이제 그 '경험'에 관심을 기울이고 고민해야 한다. 그건 아주 중요한 일이면서도 직접 할 수 있는 일이기 때문이다.

STEP 14

채용과 취업을 결정하는 3L 경험 여정: Learn - Like - Longing

    2016년 11월 미국 캠퍼스 리쿠르팅을 돌던 중 로체스터 공대 광학대학원에 한국인 박사과정 유학생이 있다는 말을 듣고 그를 만나러 갔다. 혼자 I-90 W 도로를 3시간째 달리던 중 하늘에서 눈이 내리기 시작했다.

    "아, 첫눈이네."

    혼잣말이 절로 나왔다. 그런데 첫눈을 보고 즐겁기보다는 낯선 타국에서 눈길 운전이 걱정되었다. 결국 폭설이 내려 로체스터에 도착했을 때는 이미 해가 진 후였다. 늦은 시간이었지만 다행히 그 유학생을 만나 함께 저녁 식사를 나누며 그가 처음 유학을 결심하고 그곳까지 가게 된 여정과 지금까지 광학대학원에서 공부하며 느낀 것들을 들을 수 있었다. 나도 회사에 입사하여 여러 광학 분야 인재들을 채용하고 그들과 함께 일해 온 여정을 꺼내었고, 이번 출장을 통해 만난 인재들과 그곳까지 운전하며 느낀 감정을 얘기했다.

우리는 서로의 미래와 꿈을 얘기하면서 4시간이 넘도록 즐겁게 대화를 나누었다. 그때의 기억은 나로 하여금 계속 그를 찾게 했고, 그가 박사과정을 마치고 미국에서 취업을 하게 되었을 때에도 아쉬움과 함께 '언젠가는'이라는 기대를 남기게 되었다. 매년 한두 차례 안부 인사를 나누던 그는 그로부터 7년이 지나 결국 한국으로 돌아왔고, 우리 회사에 입사하게 되었다.

　그가 우리 회사에 입사하기까지의 여정에서 그에게 가장 중요한 순간은 처음 나를 만났던 때가 아닐 수 있다. 하지만 적어도 내가 그에게 매년 안부 인사를 건네며 함께 할 수 있을 것이라 기대했던 것은 첫눈이 내리는 도로를 달려 그를 만난 그때의 경험이 남겨 준 기억이었다. 전혀 합리적이지 않은 판단이지만, 그때의 로체스터는 춥고 혹독했기에 그의 열정은 그 누구보다도 뜨거워 보였다. 그가 우리와 함께 할 때 새로운 변화와 혁신을 가져올 수 있을 것이라고 보였고, 그 믿음은 지금도 이어지고 있다. 첫눈이 내리던 2016년의 I-90 W 도로는 2024년의 그가 우리 회사에 오는 긴 여정의 시작이었다.

인재는 스스로 걸어온다

사람이 온다는 건 실은 어마어마한 일이다.
그는 그의 과거와 현재와 그리고 그의 미래와 함께 오기 때문이다.
한 사람의 일생이 오기 때문이다.
-정현종의 시「방문객」중

채용의 대상은 누구인가? 우리의 사업 전략을 실행할 수 있는 역량을 가진 '사람'이다. 수시채용의 시대에는 채용 대상과 방법의 변화도 '사람'에 대한 이해에서 시작한다.

채용은 사냥이 아니다

채용은 흔히 사냥으로 비유된다. 채용을 전문으로 수행하는 직업인 '헤드헌터'의 의미에도 사냥이 포함되어 있다. 고대 부족사회에서 서로 전쟁을 치르면서 적의 머리를 베어 오는 사람을 지칭하던 '헤드헌터'라는 단어를 리쿠르터에게 빗대어 사용한 것이다.

실제로 많은 채용 담당자는 채용의 과정과 방법을 사냥과 연결하여 설명한다. 사냥감이 모여들거나 이동하는 공간에 덫을 깔거나 그물을 던지고 낚싯바늘에 미끼를 끼워 사냥감을 유인하고 기다리는 방법은 마치 모집공고를 중심으로 하는 인바운드 채용과 비슷해 보인다. 또 직접 사냥감을 찾아내어 화살이나 총을 쏘거나 창을 들고 뛰어드는 모습은 마치 인재를 찾아 직접 뛰어다니는 아웃바운드 채용과 비슷해 보인다.

하지만 채용은 사냥과 다르다. 가장 큰 차이는, 채용은 사냥과 다르게 대상을 무조건 산 채로 잡아야 한다는 점이다. 물론 농담이지만 채용과 사냥의 차이는 바로 이 지점에서 시작한다. 사냥의 목적은 가죽과 고기를 얻기 위한 것이고 그 과정에서 대상을 죽이거나 무력화시키는 것이 중요하다. 채용의 목적은 인재의 가죽과 고기가 아니라 그 안에 담긴 '역량'이다. 대상자가 보유한 지식, 기술과 경험 그리고 무엇보다도 그 내면의 동기를 얻기 위한 것이고, 그 과정에서 그 동기를 더욱 강화해 나가는 것이 중요하다.

사냥은 질 좋은 가죽과 고기, 그리고 박제와 어탁과 같은 결과가 중요하지만 채용은 오히려 그 과정이 중요하다. 아무리 좋은 인재를 모집하고 발견했다 하더라도 그 과정에서 지원자를 불쾌하고 불편하게 만든다면 지원자는 결국 입사를 하지 않게 될 것이고, 입사를 하더라도 이미 훼손된 동기로는 기대했던 성과를 만들어 내기 어렵다.

그럼에도 불구하고 많은 채용 담당자는 마치 사냥을 하듯이 채용을 한다. 과장된 홍보 영상과 채용 공고를 마치 덫처럼 깔아 놓고 지원자에 대한 배려나 존중 없이 일방적으로 전형을 진행하면서 마치 사냥감을 쇠창살의 우리 안으로 억지로 끌고 가는 듯한 인상을 주기도 한다.

지원자는 단순히 채용 전형의 대상이 아니다. 우리와 함께 많은 경험을 나누며 조직을 미래로 이끌어 가는 동료가 될 수도 있고, 반면에 다른 지원자들에게 부정적인 경험을 전하고 브랜드의 가치를 위협하는 고객이 될 수도 있다. 채용 담당자는 이제 활시위를 거두고 인재의 마음을 들여다보고 그들이 걸어올 길을 그려 나갈 준비를 해야 한다.

채용은 커리어를 파는 마케팅이다

채용은 크게 4개의 단계로 구분된다. 채용 브랜딩, 모집, 선발, 온보딩이다. 이를 다시 크게 2개의 단계로 구분하면 모집과 선발이다. 과거의 채용은 모집보다 '선발'의 관점에서 설명되었다. 누군가를 '뽑았다'와 '채용했다'가 동일한 의미로 통용되는 것 자체가 결국 채용은 여러 지원자 중의 하나를 선발하는 과정이라는 것을 뜻한다.

그러다 보니 채용은 다른 사업 기능 중에서 '구매'로 흔히 비유되었다. 시장의 수많은 재료 또는 제품들 중에서 가장 품질과 성능이 좋은 것을 찾아 가장 싼 가격으로 사는 과정인 '구매'와 수많은 지원자 중에서 가장 우수한 인재를 선별하여 적당한 처우로 들여오는 과정인 '채용'은 언뜻 유사하게 보일 수 있다. 그래서 채용 담당자들에게는 인재상에 따라 우수한 인재를 선별할 수 있는 다양한 선발 도구를 개발하고 운영하는 것이 중요한 업무였다.

하지만 채용의 성과를 결정짓는 힘의 중심은 선발에서 모집으로 넘어갔다. 기업은 과거에 비해 점점 보다 구체적이고 명확한 범위의 역량을 가진 인재를 요구하게 되었고, 그 역량을 가진 인재들은 당연히도 소수이기 때문에 다수의 지원자 사이에서 누군가를 선별하는 것보다 그에 앞서 그러한 인재들을 모으는 것부터가 어려운 문제가 되었다. 지원자들은 과거에 비해 기업과 채용에 대한 다양한 정보를 여러 채널을 통해 손쉽게 얻을 수 있게 되었다. 결국 희귀한 역량을 보유한 인재일수록 채용을 결정하는 것은 기업이 아닌 지원자이며, 자연스럽게 채용 담당자들의 역할 또한 그들의 이력서를 얻어 내고 면접장으로 끌어오는 것이 중요하게 되었다.

채용은 '사냥'과 다를뿐더러 '구매'와도 거리가 멀다. 채용은 고객을 찾아 관계를 형성하는 관점에서 '마케팅'과 비슷하다. 채용 담당자에게 '인재'는 곧 '고객'이다. 그렇다면 채용 담당자는 '고객'에게 무엇을 팔 수 있을까? 당연히 고객이 원하는 것을 팔아야 하며, 그것은 바로 '커리어(Career)'다. 더 정확하게는 커리어의 무대, 성장의 기회를 판다. 고객은 자신에게 더 좋은 '커리어'를 줄 수 있는 회사에 본인의 인생 일부를 지불하게 된다. 결국 우수한 '고객'을 찾아 그들에게 우리 회사에서 줄 수 있는 '커리어'를 홍보하고 파는 것이 채용 담당자의 주된 역할이다.

실제로 많은 인재는 기업들이 내놓은 다양한 '커리어'를 비교하며 신중하게 그들의 노동력을 소비한다. 결국 마케팅의 관점에서 채용을 바라보면 채용 담당자의 역할이 명확해지고 채용의 어려운 문제를 해결할 수 있는 방법을 찾을 수 있다.

알리고(LEARN), 좋아하게(LIKE), 가장 원하게(LONGING) 만든다

앞서 채용에 대한 관점이 변화한 것과 마찬가지로 마케팅에 대한 관점도 변화했다. 과거 마케팅은 4P(Product, Price, Place, Promotion) 모델로 설명되었지만, 소비를 결정하는 힘의 중심이 기업에서 고객으로 옮겨 가고, 고객이 구매를 결정하는 의사결정의 근거가 제품에서 고객의 '경험'으로 바뀌면서 '고객 경험 여정'이 중요하게 부각되었다.

결국 기업이 그들의 제품과 서비스를 판매하기 위해서는 무엇보다도 '고객 경험 여정'의 설계가 중요해졌고, 그 '고객 경험 여정'이 남다르고 감동적일수록 큰 성과를 거두게 되었다. 스타벅스, 애플 등 다양한 기업의 사례를 굳이 들지 않더라도 '고객 경험 여정'은 이미 마케팅에서 가장 중요한 가치로 설명된다.

현대 마케팅 이론의 아버지라고 불리는 필립 코틀러(Philip Kotler)는 디지털 시대의 고객 여정을 마케팅 4.0이라고 칭하며 그 여정을 '5A'로 설명했다. 5A의 여정은 가장 먼저 광고나 SNS 또는 지인의 추천 등을 통해 그 브랜드의 존재를 알게(Aware) 되는 것부터 시작한다. 그 브랜드에게 호감을 가지게 되고(Appeal), 여러 리뷰와 정보 검색 그리고 지인들 의견을 물어 보며(Ask), 그 브랜드에 대한 정보를 조사한다. 그 다음에는 드디어 그 브랜드를 구매하고 사용하기 위해 기꺼이 돈을 지불하고 (Action), 본인의 만족스러운 경험을 통해 그 브랜드를 추천하거나 홍보하는(Advocate) 단계에 이른다. 이러한 마케팅 4.0의 5A 여정은 마치 채용에서 지원자 경험 여정과 매우 흡사하다.

3L 지원자 여정 : Learn - Like - Longing

채용에서의 지원자 경험 여정은 3L로 구분하여 설명할 수 있다.

첫 번째 'L'은 'Learn', 채용 공고나 채용 설명회 또는 SNS 등을 통해 그 회사에 대해 알게 되는 것이다. 회사의 존재를 알 뿐만 아니라 어떠한 직무를 채용하고 어떤 커리어를 줄 수 있는지에 대한 정보를 얻게 되는 단계이다. 이 단계에서도 기꺼이 본인의 이력서를 내어 줄 수 있는 지원

3L 지원자 경험 여정

자가 나타나기 시작한다.

그 회사와 직무에 대해 긍정적인 인식이 생기면서 두 번째 'L'인 'Like' 단계에 이르게 된다. 이 단계에서는 대부분의 지원자가 채용 공고에 반응을 하며 이력서를 제출하고 그중 많은 지원자는 자신의 소중한 시간과 노력을 기울여 면접전형에 참여하기도 한다.

여러 회사 중에서 가장 입사하고 싶은 회사는 세 번째 'L'인 'Longing' 단계로 설명된다.

지원자는 첫 번째와 두 번째 단계에서도 입사 지원은 할 수 있지만, 결국 입사를 결정하는 것은 세 번째 단계의 회사이다. 여기서 중요한 점은 최종 단계인 'Longing'이 아니라면 두 번째 단계인 'Like'나 첫 번째 단계인 'Learn'은 차이가 없다는 점이다. 더 나아가 0단계라고도 할 수 있는 '아예 모르는 회사'의 단계와도 차이가 없다고 할 수 있다. 브랜드는 고객이 소비를 해야 돈을 벌 수 있는 것처럼 채용은 결국 인재가 입사를 해야만 의미가 있다. 아무리 많은 인재가 좋은 회사라고 칭찬해도 결국 입사를 하지 않는다면 채용의 관점에서는 '나쁜 회사'와 다를 게 없다.

우리 회사는 과연 어느 단계일까? 인재들이 그 회사를 바라보는 인식이 각 단계별로 다른 것과 같이 한 단계에서 다음 단계로 넘어가기 위해서는 각기 다른 활동이 요구된다. 먼저 0단계인 '모르는 회사'에서 1단계인 'Learn : 아는 회사'가 되기 위해서는 다양한 방법으로 줄기차게 알리는 활동이 필요하다. 꾸준히 채용 공고를 올리고, 채용 설명회를 열고, 다양한 SNS와 온라인 채널을 통해 회사와 직무, 채용을 알리는 것이다. 실제로 많은 회사가 아주 열심히 실행하는 활동들이기도 하다.

2단계 'Like : 좋은 회사'가 되기 위해서는 긍정적인 '지원자 경험 여정'

이 필요하다. 단순히 재미있는 홍보와 광고가 아니라 실제 지원자들이 경험하는 여러 순간과 기존의 지원자와 재직자들의 경험담에서 긍정적인 감정이 만들어져야 한다.

최종 3단계 'Longing : 입사하고 싶은 회사'가 되기 위해서는 단순히 긍정적인 감정을 넘어 그 회사만의 차별화된 '지원자 경험 여정'이 있어야만 한다. 다른 회사들이 쉽게 줄 수 없는 그 무엇이 '지원자 경험 여정'에 심어져 있어야만 그 인재의 입사라는 '행동'을 이끌어 낼 수 있다.

물론 동종업계 최고의 보상, 주 4일 근무 등과 같이 파격적인 경험도 차별적이지만 나를 성장시켜 줄 수 있는 좋은 동료, 나의 새로운 생각을 실행으로 옮길 수 있도록 도와주는 업무 방식, 신입사원도 자유롭게 의견을 개진할 수 있는 조직 문화 등도 차별적인 소구점이 될 수 있다. 그 소구점을 인식시킬 수 있는 것은 매우 작은 경험으로도 가능하다.

차별적인 경험은 차별적인 인재를 부른다

많은 인재에게 3단계 'Longing : 입사하고 싶은 회사'는 어떤 회사들일까? 지금 당신이 알고 있는 회사일 수도 있고, 이미 당신이 소속된 회사도 누군가에게는 '입사하고 싶은 회사'일 수도 있다. 그중에는 모두가 알고 있는 구글과 애플도 있다.

주니어 레벨의 채용 담당자들을 대상으로 채용 브랜딩과 지원자 경험 여정을 강의할 때마다 꼭 다음 질문을 던진다.

"지금 여기에 계신 여러분 중에서 구글이나 애플에서 일해 보고 싶으신 분이 있나요?"

최근 입사한 채용 담당자들은 질문에 서로의 눈치를 살피지만 이내 절반 정도는 손을 든다. 창의적인 아이디어를 현실로 실현시킬 수 있는 자유가 보장되고 새로운 도전을 응원하는 구글, 세계 최고의 제품과 기술을 가진 조직에서 높은 보상과 경쟁력 있는 전문가로 성장할 수 있는 기회를 주는 애플은 분명히 매력적인 회사라고 할 수 있다. 갓 입사한 사원들이 그들의 동료와 선배가 보는 앞에서 손을 드는 것도 무리가 아닐 정도다. 그 뒤에 바로 또 다른 질문이 이어진다.

"그렇다면 구글이나 애플에 입사를 지원해 보신 분이 있나요?"

이제 손을 드는 사원은 크게 줄어든다. 강연의 대상마다 차이가 있지만 아예 손을 드는 사람이 없는 경우가 대부분이고 드물게 한두 명이 손을 든다. 많은 사람이 입사하고 싶은 회사인데 왜 실제로 지원한 사람은 별로 없을까? 실제로 구글의 입사 지원자는 매우 많기로 유명하지만 주위에서 그 지원자를 보기는 쉽지 않다.

입사 지원하지 않은 이유를 들어 보면 다양하다. '좋은 대학을 나오거나 성적이 좋은 것만으로는 합격하기가 어려울 것 같아서', '남이 해 보지 않은 특별한 경험이나 성과가 있어야 할 것 같아서', '남들과 치열하게 경쟁하는 것을 좋아하는 사람이어야 하니까' 등이다.

라즐로 복(Laszlo Bock)의 저서 『구글의 아침은 자유가 시작된다』를 보면 구글은 직원들에게 자율과 창의, 뛰어난 동료들과의 협업을 강조하지만 구글에서 살아남는 것이 얼마나 치열하고 어려운 일인지도 알 수 있다. 구글에서 모든 직원은 다른 우수한 동료들과 협업하면서도 생존을 위해 끊임없이 본인의 비교우위를 증명해야 한다.

애플은 채용 전형 과정의 합격자에게 매우 특별한 축하 메시지를 보낸다.

"일이라는 것이 있고, 인생의 작품이 되는 일이 있습니다. 그 일은 당신의 손길이 고스란히 담긴, 결코 타협할 수 없는 일입니다. 그 일을 위해서라면 주말도 기꺼이 포기할 수 있는 일이죠. 애플에서는 그런 일을 할 수 있습니다. 사람들은 안전한 길을 택하려고 이곳에 오는 것이 아닙니다. 더 깊은 곳으로 뛰어들기 위해 옵니다. 세상에 없던, 애플이 아니면 불가능한 무언가를 만들기 위해서요. 애플에 오신 것을 환영합니다."

이 메시지는 강한 사명감과 도전과 성장을 위한 동기를 불타오르게

애플의 합격자 축하 메시지

There's work and there's your life's work.

The kind of work that has your fingerprints all over it. The kind of work that you'd never compromise on. That you'd sacrifice a weekend for. You can do that kind of work at Apple. People don't come here to play it safe. They come here to swim in the deep end.

They want their work to add up to something.

Something big. Something that couldn't happen anywhere else.

 Welcome to Apple.

만들지만, 다른 한편으로는 조직 성과를 위해 모든 것을 바쳐야 하고 여가시간을 포기해야 한다는 강요로 들리기도 한다.

구글과 애플은 분명히 매력적이지만 지원하기 쉽지 않은 회사이다. 동료와 협업하면서 창의적인 아이디어로 치열한 승부를 즐기고 완벽을 위해 헌신할 수 있는 인재가 아니라면 말이다. 흥미로운 것은 구글과 애플은 입사 지원의 전 단계에서 이미 또 하나의 전형을 시작하는 효과를 가진다는 점이다. 지원자 본인이 구글과 애플이 원하는 인재인지를 스스로 판단하고, 그 판단에 따라 입사 지원이 결정된다. 실제로 그 뒤에 이어지는 전형은 매우 정교하고 치열하며 어렵다.

구글과 애플의 차별적인 '직원 경험'은 그들만의 차별적인 조직 문화로 굳어지고 그 토대에서 인재상이 만들어진다. 그들에게 걸맞은 차별적인 지원자들만이 그들을 찾아오게 만든다. 우리가 원하는 차별적인 인재를 얻어내기 위해서는 우수한 선발 기법보다 먼저 우리만의 차별적인 조직 문화, 직원 경험이 필요하다. 그 시작에 차별적인 지원자 경험이 있다.

지원자의 핵심 경험 요인(Key Experience Factor)

지원자 경험이 긍정적이라면 지원자는 그 기업에 대해 호감을 가지게 되고 그 기업에서 일하게 되기를 원하게 된다. 특히 그 경험이 다른 기업들에 비해 차별적이라면 여러 기업 중에서 입사를 결정할 때 그 기업을 선택할 가능성이 매우 높아진다. 반대로 그 기업의 채용 전형 과정에서 부정적인 경험을 하게 될 경우 그 기업에 입사하게 될 가능성이 떨어지게 되며, 입사를 하더라도 부정적인 경험은 부정적인 동기로 변하여 조직과 직무에 몰입하기 어려워진다.

지원자 경험은 인재를 확보하느냐 못하느냐의 문제뿐만 아니라 기업의 생존 자체를 위협할 수 있다. 2014년 영국의 통신 및 엔터테인먼트 기업인 '버진 미디어'의 새로운 채용 책임자였던 그래미 존슨(Graeme Johnson)은 지원자 경험이 버진 미디어 브랜드에 어떤 영향을 미치는지 조사했다.

전형 과정에서 불합격한 지원자들을 대상으로 버진 미디어의 고객 추천 지수를 조사한 결과, 그들 중 3분의 2가 버진 미디어의 비추천고객이 되었다. 실제로 그들의 18%는 버진 미디어의 현재 고객이었다. 버진 미디어의 고객인 동시에 지원자였던 그들이 전형 과정에서 불합격할 경우 그들 중 6%는 버진 미디어의 구독 서비스를 해지한다는 것도 알게 되었다. 매년 12만 명 이상의 불합격자가 발생되는 점을 감안하면 구독 해지로 인해 매년 540만 달러의 손실이 발생되고 있는 것이었다.

다행스럽게도 버진 미디어는 이 조사를 거쳐 회사 브랜드 비디오(우사인 볼트가 지원자들에게 행운을 빌어 주는 영상도 포함), 채용 관리자를 위한 종합적인 면접 교육, 그리고 더욱 디지털 친화적인 채용 프로세스를 도입하여 지원자 경험을 개선했고, 이를 통해 과거의 손실을 이익으로 전환하고 있다. 전형 과정에서 긍정적인 지원자 경험을 통해 고객을 유치하는 효과를 효율적으로 거두고 있는 것이다.

국내 기업들의 경우에도 채용 전형 과정에서 갑질 논란, 불공정한 채용 등 부정적인 지원자 경험이 급기야 해당 기업 제품의 불매 운동으로 번진 사례도 있다. 한 기업의 면접 과정에서 성차별적인 질문이 나온 면접 후기가 온라인상에 퍼지면서 불매 운동까지 이어졌다. 반대로 한 기업은 채용 면접과 별개로 취업을 앞둔 대학 4학년생이나 취업준비생을 모아서 별도로 '모의 면접'을 진행하고, 이들에게 실무 면접관의 태도나 질문에 대한 피드백을 받는 활동으로 긍정적인 주목을 받았다.

긍정적인 지원자 경험과 부정적인 지원자 경험은 무엇으로 구분할 수 있을까?

정말 특이하게도 우리나라에는 지원자 경험에 대한 기업의 최소한의 의무를 별도의 법률인 '채용절차의 공정화에 관한 법률', 줄여서 채용절차법을 통해 강제하고 있다. 물론 해외에도 고용 차별을 금지하고, 지원자의 개인정보를 보호하고 있지만 우리나라와 같이 별도의 법률이 있는 경우는 드물고, 여러 법률과 규정안에 그 내용이 포함되거나 해석에 따라 적용되는 경우가 대부분이다. 이는 매우 기본적인 지원자 경험의 기

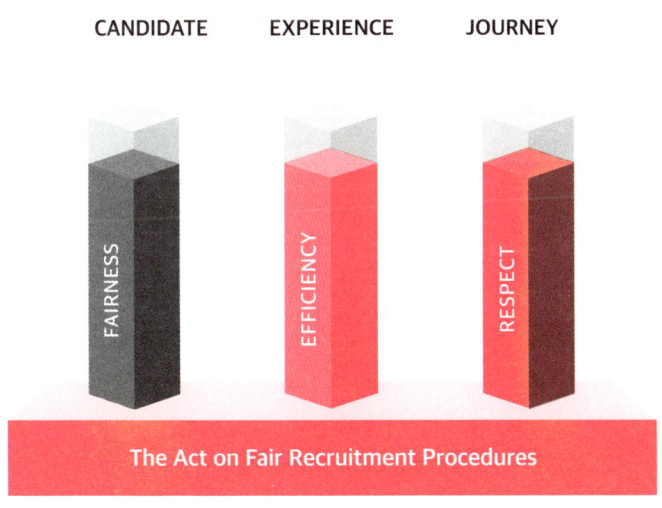

지원자 경험 여정 모델

준이 된다.

　이 기준이 충족되는 토대 위에 차별화된 지원자의 경험을 만들 수 있다. 이때 필요한 요소는 공정성, 효율성, 존중감 3가지이다. 이 3가지 항목은 지원자 경험을 판단하는 기준일 뿐만 아니라 지원자 경험 여정을 설계할 때 반드시 고려해야 할 핵심 요소가 된다.

STEP 15

지원자 경험의 최소 기준, 채용절차법

'채용절차의 공정화에 관한 법률'은 2014년 1월 제정되어 2015년부터 시행되었다. 채용 절차의 공정성을 강화하기 위해 단독 법률이 제정된 국가는 우리나라가 거의 유일하다. 기업의 경영을 위해 인력을 채용하는 활동을 기업 자율이 아닌 법률로 제재한다는 것이 언뜻 이해가 가지 않을 수도 있다. 이를 이해하기 위해서는 먼저 채용절차법의 목적이 채용 대상이 아닌 채용 절차에 있다는 점을 주목해야 한다. '누구를' 채용할지는 기업의 자유이나, '어떻게 채용할지'에서 최소한의 기준을 법률로 제한한 것이 채용절차법이다.

왜 유독 우리나라에서만 채용절차법을 별도로 제정할 정도로 채용 절차의 공정성에 대해 민감한 것일까? 그 이유는 우리나라에서 '일자리'가 가지는 의미가 남다르기 때문이다. 우리나라에서 '직업'은 본인과 가족의 생계수단인 동시에 사회적 지위를 나타내는 척도가 된다. '킹차갓무직'이라는 밈이 있을 정도로 직업은 본인을 나타내는 최고의 설명이 된다. '취업이 인생 최대의 업적'일 정도로 취업은 모든 학업 활동의 최종 성적표이기도 하다. 해외에서도 유명한 우리나라의 뜨거운 교육열도 '일자리'에 대한 온 국민의 간절한 열망을 보여 준다.

이러한 상황에서 공기업과 국가기관의 채용 비리는 많은 국민의 공분을 살 수밖에 없었다. 게다가 2010년부터 9%대를 넘어선 청년 실업률이 사회 문제로 대두되면서 채용 비리는 더 이상 남의 일이 아닌, 나와 내 자녀가 겪을 수 있는 피해로 인식되었다. 개인정보 보호에 대한 사회적 요구 또한 채용 과정에서 발생하는 개인정보 유출의 위험성을 주목하는 계기가 되었다. 이러한 사회적 상황이 복합적으로 발생했고, 법제화를 통한 규제를 선호하는 국민성이 더해지면서 채용절차법이 탄생되었다고 볼 수 있다.

채용절차법은 3개의 금지 사항과 2개의 의무 사항으로 구분된다.

거짓 채용 광고 등 금지

채용 공고를 게재하고 나서 임의로 지원자에게 불리한 내용으로 바꾸거나, 채용한 후 채용 공고의 내용과 다른 근로조건을 적용해서는 안 된다. 실제로 채용 공고문에는 없던 별도의 검사나 면접 등을 추가로 진행하거나, 입사 이후에 채용 공고문과 다르게 계약직으로 근로조건을 체결하는 사례 등이 종종 발생하는데, 이는 채용절차법의 위반이므로 주의해야 한다.

채용 강요의 금지

청탁 압력, 강요, 이익을 제공하거나 이를 받아서도 안 된다. 지극히 당연한 금지 사항이다. 채용절차법의 위반을 넘어 중대한 범법 행위이며, 기업의 경쟁력을 크게 훼손할 수 있는 행위이므로 지나치다 싶을 정도로 조심하는 것이 좋다. 청탁이나 강요와 달리 "지인이 지원한 이번 전형이 어떻게 진행되고 있는지만 알아봐 달라."는 요청도 종종 있을 수 있는데, 이것도 관계나 상황에 따라 채용 강요의 의도로 해석될 수 있으므로 엄격하게 사양하는 것이 필요하다.

출신 지역 등 개인정보 요구 금지

신체적 조건, 출신 지역/혼인 여부/재산, 가족의 학력/직업/재산 정보를 요구하면 안 된다. 면접 과정에서 무분별한 질문이 나오면서 위반되는 경우도 있고, 일부 기업은 입사 지원서에서 버젓하게 혼인 여부를 체크하게 하는 경우도 있다. 이런 조항을 위반하는 경우가 있을까 싶지만, 실제로는 생각하지 못한 영역에서 위반 사례가 발생하기도 한다. 최근 입사 건강검진 대행업체에서 검진 결과 내용에 신장과 몸무게가 기재된 상태로 기업에 전달하면서, 직무와 무관한 신체적 조건의 요구로 판단되어 채용 기업이 채용절차법을 위반한 것으로 적발된 사례가 있었다.

채용 일정 및 채용 과정의 고지

채용 일정, 채용 심사 지연, 채용 과정의 변경은 사전에 지원자에게 알려야 한다. 이 조항 덕분에 최근 채용 공고문에 전체 채용 일정이 공지되어 지원자들이 보다 효율적으로 구직 일정을 조율할 수 있게 되었다. 종종 채용 공고에 지원자가 부족할 경우, 채용 공고 게시 기간을 1~2주일 더 연장하는 경우가 있는데, 이는 전체적인 채용 일정이 변경되는 것이므로 반드시 사전 고지를 해야 한다. 채용 일정의 변경으로 인해 지원자의 다른 개인 일정 또는 다른 기업의 전형 일정 등에 충돌이 생길 수 있으므로 가급적 채용 일정이나 채용 과정은 변경하지 않아야 한다.

채용 여부의 고지

채용 전형 결과를 합격과 불합격인 모든 대상자에게 알려 주어야 한다. 실제로 많은 기업이 수시채용으로 다수의 빈번한 채용 전형을 운영하면서 위반할 가능성이 높은 조항이다. 특히 불합격자에 대해 제때 공지를 하지 않아 지원자의 불합격에 대한 아픔을 분노로 끌어올리는 경우를 종종 볼 수 있다.

채용절차법 외에도 기업의 채용 활동에서 함께 고려해야 하는 법률은 많다. 남녀고용평등과 일·가정 양립지원에 관한 법률(성별, 혼인 여부, 임신 여부 질문/차별), 장애인 고용 촉진 및 직업재활법(장애인 응시자에 대한 합리적 편의 제공, 차별 질문/평가 금지), 고용정책기본법(연령제한 금지), 개인정보

보호법(불필요한 정보 수집 금지, 개인정보 파기), **직업안정법**(서치펌의 직업소개사업등록 의무) 등의 법률도 채용 담당자가 반드시 알고 지켜야 하는 내용이다.

   채용절차법을 포함한 채용과 관련된 다양한 법률의 준수에서 기업 혼자만 지킨다고 문제가 없는 것은 아니다. 채용 활동에 함께 참여하는 다양한 주체들 또한 기업에서 함께 신경 써야 한다. 서치펌을 통해서도 채용절차법이 위반될 수 있고, 파견업체나 전형 위탁기관, 채용 설명회와 면접 대행사를 통해서도 마찬가지다. 인재를 추천하는 사내 구성원도 그 과정에서 거짓 정보를 제공하거나 채용 청탁을 의뢰받을 수 있다. 물론 다른 주체들의 채용절차법 위반을 기업이 책임져야 하는 것은 아니다. 하지만 지원자들의 인식은 그렇지 않다.

   채용절차법은 지원자 경험을 보호하기 위한 지극히 기본적인 최소한의 의무 사항이다. 따라서 채용절차법을 그대로 지켰다고 해서 지원자가 무조건 그 기업의 채용 여정을 긍정적으로 느끼는 것은 아니다. 결국 지원자 경험이 차별화된 긍정적인 기억으로 남기 위해서는 기업의 추가적인 노력이 필요하다. 채용절차법을 준수하는 것은 기본이며 지원자가 느끼는 공정성, 효율성, 존중감을 끌어올릴 수 있는 차별화된 경험 여정을 만들어야 한다.

채용절차법 자가 점검표

점검 항목		점검 결과		
채용 공고문	실제 채용이 발생되지 않은 채용 공고가 있는가?	없음	있으나, 적합한 사유가 있음	채용 목적의 공고가 아님
	전형 중 또는 마감 이후 공고문 변경 사례가 있는가?	없음	있으나, 적합한 사유가 있음	불합리한 사유로 변경
	채용 서류 저작권/재산권의 귀속 내용이 있는가?	없음		있음
	불필요한 개인정보를 요청하였는가?	없음		있음
	서류 합격 이전에 입증 자료를 요청하였는가?	없음		있음
	채용 일정이 포함되어 있는가?	포함	일부 미포함	전체 미포함
지원서	이메일로 접수받은 지원서 수령을 공지하였는가?	이메일 접수 없음	이메일 수령 공지함	이메일 수령 공지하지 않음
	오프라인으로 접수받은 지원서가 있는가?	없음	있으나, 적합한 사유가 있음	불합리한 사유로 접수
	오프라인 접수 서류를 6개월 보관 후 파기하였는가?	준수함		미준수함
면접 평가 화면	평가 의견에 불필요한 개인정보가 포함되어 있는가?	없음		있음
	평가 의견에 면접과 무관한 정보가 포함되어 있는가?	없음		있음
결과 안내문	전형 종료 후 결과 고지가 3일 이상 지연되었는가?	해당 없음		지연 사례 있음
근로 계약서	공고 내용과 입사자와 근로계약서 내용이 동일한가?	상이함	채용 사전 합의함	사전 합의 없음
기타	전형 일정이 변경/지연되는 경우 고지를 하였는가?	변경 없음	변경을 고지하였음	변경을 고지하지 않음
	채용 과정 중 청탁 및 금품 수수의 사례가 있는가?	없음		있음
	채용 과정에서 지원자가 부담한 비용이 있는가?	없음		있음

STEP 16

공정성 :
제대로 평가받는 지원자

 긍정적인 지원자 경험이 갖추어야 할 가장 중요하고 기본적인 첫 번째 요소는 '공정성'이다. 실제로 공정성은 채용뿐만 아니라 우리나라 사회 전반에 걸쳐 가장 예민한 문제이다. 지원자 경험에서 공정성이 훼손될 경우, 그 기업은 인재를 잃을 뿐만 아니라 기업 이미지의 심각한 추락을 초래할 수도 있다.

 채용 전형 과정에는 언제나 '평가'가 있고, 성공과 실패의 '결과'가 반드시 따라오기에 본질적으로 지원자 입장에서는 불편할 수밖에 없다. 아무리 맛있는 다과와 기념품, 편안한 소파와 음악, 환하게 웃는 면접 운영자가 있다고 해도 취업과 이직이 결정되는 냉혹한 평가가 있는 면접장은 지원자를 극도로 불안한 상태로 몰아넣는다.

 불편함을 감수하면서도 지원자들이 면접장에 들어서는 이유는 면접위원을 믿기 때문이다. 면접위원들이 해당 직무에 대한 전문성을 가지고 있고, 그 전문성을 기반으로 나를 공정하게 평가할 것이라고 믿기에 용기를 내는 것이다. 우리는 그 믿음을 배신하지 않을 의무가 있다.

명확한 평가 기준을 만들고 공유하는 것에서 시작하라

많은 기업이 면접위원 대상 교육을 실시하고 있다. 그 내용은 대부분 인재를 제대로 선발하기 위한 구조화된 면접 절차와 채용절차법 등 채용 절차의 공정성을 지키기 위한 것이다. 이 교육을 할 때 현업 부서의 리더이기도 한 면접위원들이 교육 내용을 모두 기억하기는 어렵기 때문에 마지막 요점 정리가 필수이다.

"다른 것들을 일일이 기억하며 지키기 어렵다면 이것 하나만 기억하고 지켜 주세요. 직무 역량과 무관한 질문은 하지 않는다!"

채용 절차에서 공정성을 지키는 것은 긍정적인 지원자 경험을 위한 것뿐만 아니라 우수한 인재를 선발하기 위해서도 매우 중요하다. 결국 공정한 채용이야말로 인재를 제대로 가려낼 수 있는 과정이기 때문이다. 공정성을 위해서는 무엇보다도 '공정한 평가 기준'의 수립이 선행되어야 하며, 그 기준은 직무 역량의 토대 위에서 만들어져야 한다.

평가 기준은 인재상과 연결되어 있으면서도 해당 직무의 필요 역량에 따라 구체적으로 세분화되어야 한다. 궁극적으로 1명의 인재를 선발하기 위해서는 별도로 하나의 평가 기준이 있어야 한다. 그 기준은 지원자의 경험이 부정적인 감정으로 흐르지 않도록 잡아 주고, 그 직무를 제대로 수행할 수 있는 인재가 온전히 걸어올 수 있는 길의 이정표 역할을 하게 된다.

평가 기준 외의 편향적인 요소는 지워라

여러 편향에 따른 불공정성은 얼마든지 발생할 수 있다. 특히 면접위원은 대부분 해당 직무와 조직에서 많은 경험을 가지고 있는 리더들이다 보니 그 경험으로 인해 편향적인 사고를 가지고 있을 수 있다. 실제로 경험이 많은 면접위원일수록 지원자의 첫인상(외모, 복장, 표정, 태도) 편향, 특정 특성(출신 대학/기업 등)에 따른 후광 효과, 면접위원 본인과 공통점을 가진 지원자에게 긍정적인 유사성 편향이 심하다.

최근 채용 데이터 분석이 주목되면서 공정성을 높일 수 있는 최선의 방법으로 AI를 활용하는 기업이 많아지고 있다. 실제로 부정확한 인간의 편향적 판단보다는 훨씬 객관적이고 공정할 수 있다. 그러나 충분한 데이터와 깊이 있는 해석이 있지 않다면 오히려 공정성 측면에서 더 위험할 수 있다.

실제로 많은 기업이 충분하지 않은 양의 데이터로 고성과자의 특성과 상관관계를 따져 가며 깊은 해석 과정 없이 분석 결과를 맹신하는 오류를 범하기도 한다. 어느 기업 출신이 고성과자인 경우가 많다는 상관관계를 가지고, 왜 그 기업 출신이 우리 회사에서 성과를 만들어 내는 데 유리한지에 대한 분석 없이 무조건 그 기업 출신이면 채용해야 한다는 또 하나의 편향을 만들어 내는 것도 흔하다. 결국 매우 인간적인 감정과 신념이 편향을 만들어 내는 동시에 어설픈 데이터 분석을 통해 매우 과학적이라고 자부하는 또 하나의 편향이 만들어지는 셈이다.

또 하나의 측면에서 편향은 채용 부서의 안전한 핑계가 되어 주기도 한다. 여러 지원자 중에서 어떤 인재를 채용할지 쉽게 판단이 되지 않을 때 그 채용을 중단하기보다는 안전하게 특정 대학이나 특정 기업 출신 지원자를 채용하는 것을 선택한다. 많은 기업이 특정 대학이나 특정 기업 출신 인재 비율 등을 채용 부서의 가장 중요한 KPI로 삼는 것도 이러한 편향을 정당화하는 데 한몫한다.

특정 대학 출신 인재의 비율을 몇 % 이상 채용할 것인지를 목표로 잡으면 채용 부서는 정교한 평가 기준이나 공정한 전형 과정을 어렵게 고민할 필요 없이 그저 특정 대학 출신을 채용하면 된다. 극단적으로 인재의 직무 역량이 매우 부적합하더라도 인위적인 편향을 내세워 그 인재를 채용하는 불공정을 저지르게 되고, 나중에 그 인재가 조직과 직무에 부적응하고 성과에 부정적인 영향을 끼친다고 해도 채용 부서는 충분한 핑곗거리와 면죄부를 가질 수 있다.

많은 기업은 이러한 편향적인 요소를 지우기 위해 여러 가지 노력을 기울이고 있다. LG그룹은 10여 년 전부터 입사지원서에서 사진을 제외했고, CJ그룹은 특정 직무의 채용 전형 과정에서 출신 대학과 학점, 영어 점수를 받지 않는 '리스펙트 전형'을 운영하기도 했다. 많은 기업이 공정성을 강화하기 위해 AI 면접을 운영하기도 하고, IBM은 한 발 더 나아가 채용 소프트웨어에 AI가 특정 인종이나 성별에 편향된 결과를 내지 않는지 지속적으로 모니터링하고, 문제가 발견되면 자동으로 편향을 제거하는 기술을 사용한다.

채용 전형 과정에서 편향을 완벽하게 제거하는 것은 불가능하다. 그럼에도 불구하고 꾸준히 노력해야 한다. 그 노력이 중간에 멈추게 되면 오히려 또 다른 편향이 만들어지고, 그로 인해 채용의 공정성은 더 훼손될 수 있다. 지원자 경험이 함께 무너질 뿐만 아니라 기업 전체의 역량이 약해질 수도 있다.

일관성을 가지고 모두에게 똑같이 운영하라

"안내되었던 것보다 20분 빠르게 면접을 마쳤어요. 뭔가 다른 이유가 있는 것 같아요."

아무리 공정하게 채용 기준과 절차가 만들어졌다고 해도 일관적으로 운영되지 못한다면 지원자가 느끼는 공정성은 높지 않을 수 있다. 채용 공고의 내용, 면접위원의 질문과 안내, 실제 그 회사 구성원들이 남긴 후기들이 서로 다를 때 지원자들은 기업에 대한 신뢰를 가질 수 없다.

채용 공고에서 A라는 역량을 가진 인재를 찾고 있다면, 면접위원은 A 직무에 대해 충분히 설명할 수 있고 그 전문성을 판단할 수 있어야 하며, 실제 그 기업에서 A 사업에 대한 투자와 노력을 기울여야 한다. A 직무를 채용한다고 해 놓고 막상 면접에서는 다른 직무 역량에 대해 질문하고, 그 기업에서 A 직무에 대해 이렇다 할 방향성이나 비전이 구성원들과 공유되어 있지 않다면 지원자들은 의심할 수밖에 없다.

전형을 운영하는 과정에서도 안내와 다르게 면접 일정이 구성되고, 지원자들마다 세부적인 전형 절차가 다르다면 공정성이 떨어진다고 볼 수밖에 없다. 지원자들에게 채용 절차를 명확하게 알려 주어야 하고 서류 검토 기간, 면접 단계, 피드백 시기 등을 표준화하여 이를 모든 지원자에게 동일하게 적용해야 한다. 인적성검사나 AI 면접의 다른 전형도 동일하게 관리되어야 한다.

면접위원을 포함한 평가자도 동일한 기준에 따라 전형을 운영해야 한다. 스스로의 판단에서 편향을 최소화하기 위해 노력할 뿐만 아니라 지원자들이 동일한 조건에서 평가받을 수 있도록 세밀한 배려가 필요하다. 면접 시간을 엄수하고, 지원자의 모든 답변을 경청하는 것도 중요하다. 면접위원이 다른 업무 일정에 밀려 면접 시간을 지키지 않거나 면접을 보던 중에 전화를 받는 등의 행위는 그 채용 전형이 불공정하다는 반증이 된다.

지원자가 직접 느낄 수 있어야 공정하다

공정한 채용 기준과 절차를 수립하고 공정하게 운영을 한다고 해도 지원자가 이를 직접 느낄 수 없다면 지원자 경험을 긍정적으로 만들기 어렵다. 채용 공고에 직무에 필요한 역량과 자질을 구체적으로 명시해야 한다. '창의적인 인재' 같은 모호한 표현 대신 '시장 동향 예측을 통해 선제적인 고객 진입 전략 수립 경험'같이 명확한 기준을 제시해야 한다. 그리고 전형 과정에서 각 단계(서류전형, 면접, 최종 결과 발표 등)에 걸리는 예상 기간을 미리 안내하고, 변동 사항이 발생했을 때는 즉시 공유해야 한다. 막연한 기다림은 지원자에게 불공정함을 느끼게 하는 가장 큰 요인이 된다.

불합격 통보를 할 때도 진심을 담은 감사의 메시지뿐만 아니라 어떤 부분에서 부족했는지, 앞으로 무엇을 보완하면 좋을지 등 구체적인 피드백을 제공하는 것이 좋다. 지원자들의 피드백을 수집하고 분석하는 것은 채용 프로세스를 공정하게 개선할 수 있는 기회가 된다. 채용 만족도 조사를 통해 지원자들의 의견을 경청하고, 이를 통해 기업의 약점을 파악하고 개선해 나가야 한다.

　면접위원에게 무엇을 강조하고 교육하는지를 면접 안내 또는 시작 시점에 지원자들이 알게끔 해 주는 것도 좋은 방법이다. 지원자들이 정해진 프로토콜에 의해 면접이 운영되고 있음을 느끼게 된다면 자연스럽게 공정한 채용을 기대할 수 있게 된다.

　전형 과정에서 지원자들은 공정한 평가 기준과 절차를 기대한다. 그렇기에 전형 과정의 작은 오류 하나에도 불공정성을 의심하게 된다. 면접위원이 특정한 지원자에게만 친근한 농담을 건네는 것도, 처음 안내되었던 공지보다 서류전형 결과 발표 일정이 지연되는 것도 지원자에게는 전형 전체에 대한 거대한 의심으로 번질 수 있다.

　지금의 전형 과정이 공정하게 운영되고 있다고 느끼며 믿는 지원자는 자신이 이 회사에 입사하여 이후 받게 되는 평가와 진급, 육성 등 다양한 HR 제도가 고도화되어 있으며 공정하게 운영될 것이라는 기대를 하게 된다. 이는 단순히 좋은 인재를 영입할 수 있다는 것뿐만 아니라 조직 안에서 불필요한 오해와 불신 없이 올바른 동기를 유지하고 지켜낼 수 있다는 것을 의미한다.

　채용은 단순히 사람을 입사시키는 것이 아니라 사람의 역량을 통해 조직 역량을 키워 성과를 만들어 내는 과정이라는 측면에서 매우 중요하다.

STEP 17

효율성 : 지원자의 시간과 노력을 존중하는 기업

이제 채용과 취업 과정에서 힘의 중심이 기업에서 개인으로 넘어갔다. 특히 차별화된 역량을 가진 인재일수록 아쉬운 쪽은 기업이다. 기업이 원하는 인재는 대부분 일반적인 역량이 아닌 명확하게 정의된 차별적 역량을 가진 소수의 인재들이기 때문이다. 이 상황에서 기업이 자신의 일정과 편의에 따라 채용 전형을 진행하는 것은 지극히 과거의 관념에서 벗어나지 못하고 있음을 보여 줄 뿐이다.

과거에 시행한 채용 전형에서의 '효율성'은 기업의 입장에서 중요했다. 대규모 정기공채는 기업에 매우 효율적인 방식이었다. 일정한 수준 이상의 학력과 경력·인성을 갖춘 인재를 필터링하고, 채용 규모에 맞춰 위에서부터 합격인원을 뽑아내는 방식은 마치 공장에서 제품을 검수하여 출하하는 것과 유사했고, 짧은 시간과 노력으로도 많은 인재를 채용할 수 있었다.

물론 지원자 입장에서도 정기공채라는 특정 시기에 맞춰 지원을 하면 되었으니 효율적으로 보일 수 있다. 하지만 그 안에도 자신의 전문화된 역량을 고려하지 않은 채 모든 채용 공고에 '묻지마'식으로 지원을 하여 어느 회사든 입사하고 보니 그게 내 경력이 되어 버리는 '무지성 경력 관리'는 전혀 효율적이지 않았다.

이제 '효율성'은 지원자의 시간과 노력 관점에서 중요하다. 이는 단순히 그들의 시간과 노력을 덜어 주어야 한다는 것을 의미하지 않는다. 그들의 시간과 노력에 감사하며, 그것들이 낭비되지 않도록 해 주어야 한다는 것을 의미한다. 기업은 지원자의 시간과 노력을 인정하고, 그들에게 그만한 가치를 주어야 한다. 이제 기업은 효율적으로 인재를 채용하기보다는 한 사람이 인재라도 효과적인 채용이 되도록 노력을 기울여야 한다. 어느 시대와 세상에도 '싸고 좋은' 인재는 없었다.

간편한 지원과 전형으로 불필요한 경험을 지워라

많은 채용 플랫폼과 구직 사이트의 요일별 접속 트래픽을 보면 월요일이 가장 높다는 조사 결과가 있다. 그만큼 월요일은 한 주의 시작이면서도 직장인의 마음이 흔들리는 시점이기도 하다. 채용 담당자로 일하기 시작했을 때 월요일 퇴근시간대에 스마트폰을 들여다보는 직장인들에게 매력적인 이직 공고를 보여 준다면 어떨까라는 상상을 했다.

따로 이력서를 작성할 필요 없이 기존에 가지고 있던 이력서나 명함을 그대로 업로드하거나 학력과 전공, 경력 기업과 직무 정도의 간단한 개인정보만 입력해서 단 1분 만에 입사 지원을 할 수 있다면 어떨까? 지하철을 타고 가다가, 또는 환승역에서 다음 지하철을 기다리다가 잠깐 시간을 내는 것만으로도 입사 지원이 가능하다면 정말 편리하겠다는 생각이 들었다. 그것이 현실로 나타난 것은 그리 먼 미래가 아니었다.

최근 지원자의 입사 지원 절차가 매우 간소화되고 있다. 많은 채용 사이트는 PC 기반의 웹 환경뿐만 아니라 모바일에서도 쾌적하게 사용할 수 있으며, 간단한 이력 사항만으로 1차 전형을 진행하여 합격자에 한해 세부적인 경력 기술이나 자기소개서를 요청하는 기업이 늘고 있다.

입사 지원만이 아니다. 과거 코로나19 팬데믹 상황에서 시작된 온라인 화상면접은 이제 필수적인 면접전형으로 자리를 잡았다. 대부분의 기업이 두 차례의 면접전형 중 첫 번째 전형을 온라인 화상면접으로 실시하고 있으며, "사람을 직접 보지 않고 어떻게 알겠냐?"고 반신반의했던 면접위원들도 이제 능숙하게 화상면접을 실시하고 있다. 자신의 방 책상 앞에서 조용히 화상면접을 보는 경우도 있지만, 때로는 회사 지하 주차장의 본인 차량 운전석에서, 또는 회사의 업무용 회의실에서 은밀하게 화상면접 링크에 접속하여 면접을 보는 경우도 있다.

온라인 화상면접을 실시하다 보면 종종 일부 지원자가 면접에 진지하게 임하지 않는다는 의견도 있다. 하지만 지원자의 관점에서 상황을 이해하고 배려해야 한다는 의견이 더 지배적이다. 면접 일정도 마치 앱에서 미용실의 커트 서비스를 예약하듯이 본인이 편한 시간을 선택할 수 있도록 배려하는 회사가 늘어나고 있다.

반면에 아직도 많은 기업이 여전히 '갑'의 위치에서 지원자의 시간과 노력을 고려하지 않은 채 채용 전형을 운영하고 있다. 내부의 시급한 업무 일정으로 인해 면접 일정을 몇십 분쯤은 아무렇지 않게 지연시키거나, 입사 지원도 수차례의 클릭과 타이핑을 요구한다. 그마저도 실시간 저장이 제대로 되지 않아 정성스럽게 작성한 이력서를 날려 버리기 일쑤다. 지원자에 대한 배려가 부족한 회사가 내부 구성원을 제대로 배려할 리가 없다. 개개인의 시간과 노력에 대한 배려와 인정이 다른 목적과 상황에 의해 언제든지 미뤄질 수 있는 문화를 가진 기업은 올바른 인재를 확보하기는커녕 지금의 인재를 지키기도 어려울 것이다.

많이 본다고 더 잘 알 수 있다는 생각을 버려라

구글, AWS와 같은 글로벌 IT기업의 채용 전형은 그 단계가 복잡하고 많기로 유명했다. 많은 비용과 시간을 들이면서 최고의 인재를 채용하고 그들과 동료로서 함께 일한다는 것에 대한 그들의 자부심도 컸다. 구글만 하더라도 과거 1명의 지원자가 10차례가 넘는 면접을 보는 일이 드물지 않고, 브레인 티저(Brain-teasers) 방식의 질문은 신선한 유행이 되기도 했다. 스쿨버스 안에 골프공이 몇 개 들어가는지, 이 도시의 창문을 모두 닦는 데 드는 비용이 얼마인지 등의 질문과 답변은 아직도 회자되고 있다. 당시에는 그 누구도 이러한 질문들이 우수한 인재를 선발하는 것과 무슨 관련이 있는지에 대해 의심하지 않았다.

이제는 그렇지 않다. '왜 구글은 채용 과정에서 브레인 티저와 16단계 면접을 포기했는가?(Why Google has ditched brain-teasers and 16-step interviews from its hiring process)'라는 제목의 기사문이 나온 지도 이미 7년이나 되었다. 구글은 실제로 이렇게 무수히 많은 전형 절차와 브레인 티저 방식의 질문이 인재 선발 적확도를 올리는 데 얼마나 연관성이 있는지 조사했고, 이 많은 시도가 우수한 인재를 선발하는 데 도움이 되지 않았다는 결과를 도출했다. 이는 구글의 인사 책임자였던 라즐로 복의 여러 인터뷰를 통해 공유된 내용이다. 구글 공식 채용 사이트인 'Google Careers'에서도 간소화된 채용 절차를 안내하고 있다. 결국 구글은 4회의 면접이 가장 효과적이라는 결론을 얻고, 대부분의 면접을 4회 전후로 운영하고 있다. 물론 여전히 많은 횟수의 면접이기는 하나 과거에 비해서는 굉장히 축소되었다.

실제로 많은 국내 기업은 과거 구글의 시도에 감명을 받아 '전형 과정이 많고 복잡할수록 고도화된 채용 절차'라는 편향을 가지게 되었다. 이 과정에서 일부 기업들은 인적성검사, 직무 역량 필기 테스트, 전화 인터뷰, AI 영상면접과 수차례의 대면면접, 평판조회와 외부 전문가 등을 통한 인성면접에 이르기까지 전형을 늘리기 시작했다. 신입 지원자들을 넓은 강당에 모아두고 줄넘기를 하거나 도미노를 쌓는 등의 새로운 시도들도 있었고, 어설프게 구글의 브레인 티저 방식의 질문을 본떠서 마치 난센스 퀴즈와 같은 질문들로 면접 시간을 채우기도 했다. 우수한 인재를 가려내기 위한 채용 담당자의 시도는 좋았으나, 결과적으로는 우수한 인재를 선발하는 데 이렇다 할 도움이 되지 못했다.

정작 중요한 것은 우리가 판단하고자 하는 역량을 정의하고, 이를 제대로 평가하기 위한 구조화된 툴이었지만 그때의 채용 전형은 그저 어렵고 복잡한 과정을 통해 양적으로 많이 보는 것 자체에만 집중했다. 이는 그저 지원자를 지치고 힘들게 만들 뿐이다. 어려운 과정이 많다고 해서 그 과정을 통과한 인재가 바로 그 기업이 필요로 하는 인재라는 것을 의미하지는 않는다.

전형 과정의 개선은 그저 새로운 실험적인 전형들을 덕지덕지 붙이는 것이 아니다. 그보다 중요한 것은 기존 전형들의 효과성을 분석하고, 효과성이 떨어지는 전형은 보완하되 효과성이 거의 없는 전형은 과감하게 없애는 것이다.

복잡하고 오래 걸리는 전형은 지원자에게 큰 부담으로 작용한다. 물론 그만한 가치가 있는 전형이라면 지원자의 시간과 노력도 아깝지 않겠지만, 그저 지원자의 시간과 노력을 갉아먹을 뿐인 전형들은 오히려 우수한 지원자들을 이탈하게 만들고 낮은 수준의 지원자들만 남아 선택의 폭을 좁게 만든다. 그 안에서 어렵고 복잡한 선발 과정을 거친 최종 합격자가 채용되는 것은 채용 전형의 목적에도 맞지 않다.

전형의 필요성은 이제 단지 선발 정확도뿐만 아니라 지원자 경험 관점에서 함께 고려되어야 하며, 지원자의 시간과 노력에 상응하는 가치 제공을 최우선으로 삼아야 한다.

지원자가 원하는 정보를 원하는 방법으로 전달하라

과거 폭스바겐의 비틀 차량은 인기가 많아 중고차 시장에서도 활발하게 거래되었는데, 유독 1965년에 생산된 레몬 색상의 차량에 고장이 잦았다. 그러다 보니 레몬 색상의 비틀 차량이 중고차 시장에 다량으로 유입되었고, 그때부터 미국인들은 결함이 있는 중고차를 '레몬'으로 지칭하기 시작했다.

흔히 정보의 비대칭성을 설명할 때 쓰는 '레몬 마켓 이론'이 여기에서 출발한다. 정보의 비대칭이 심해지면 구매자는 좋은 선택을 하기 어렵다. 어차피 잘 모르는 제품을 사야 하다 보니 그나마 정확하고 구체적인 정보인 가격에 매달려 결국 싼 제품만을 찾게 된다. 판매자는 어쩔 수 없이 비싸지만 좋은 제품보다는 가격이 싼 제품만을 내놓게 되는데, 그런 제품이 바로 '레몬'이다.

채용 시장에서도 지원자는 채용 담당자나 리더에 비해 그 기업이나 직무에 대한 정보가 부족하다. 지원자는 여러 채널을 통해 정보를 수집하지만 그 정보들 중에는 부정확한 내용이 포함되어 있어 신뢰하기 어렵고 결국 연봉과 근무지 등 구체적으로 눈에 보이는 기준에 따라 기업을 선택한다. 하지만 안타깝게도 본인이 궁극적으로 원했던 것과는 거리가 먼 역선택을 할 위험이 있다.

지원자가 채용 시장에서 사려 하는 것에는 연봉과 근무지보다 더 중요한 것이 있다. 바로 본인의 커리어이다. 결국 본인이 취업과 이직을 통해 어떤 커리어를 가져갈 수 있을지가 중요한데, 그에 대한 정보는 채용 담당자나 리더에 비해 턱없이 부족하다.

채용 담당자도 기업과 직무를 자세히 설명하며 지원자들의 입사를 유도한다. 여기서 중요한 것은 단순히 많은 정보의 양이 아니라 그들이 반드시 알아야 할 중요한 정보, 즉 커리어에 대한 정보이다. '내가 이 회사의 이 직무를 통해 어떻게 성장할 수 있는가?'에 대한 정보를 시작으로 회사가 나에게 어떤 지원을 할 수 있는지, 어떤 환경이 조성되어 있는지 등을 알 수 있을 때 정보의 불균형이 해소되기 시작한다.

하지만 채용 시장에서 정보의 불균형보다 더 심각한 것은 '정보의 공백'이다. 채용 담당자도, 리더도 지원자에게 제공할 수 있는 커리어에 대한 정보가 없는 것이다. 그러다 보니 지원자에게는 오로지 연봉과 근무지와 같이 뻔한 내용만을 얘기할 수밖에 없고, 지원자의 커리어를 함께 고민하고 설계할 수 없다. 자신의 분야에서 차별적인 역량을 가진 인재일수록 커리어가 가장 중요한 관심사인데 이에 대한 정보를 제공하고 함께 의논할 수 없다면 입사를 쉽게 결정할 수 없다.

채용 담당자나 리더들이 가지고 있는 정보를 제대로 전달하지 못하는 '정보의 불균형', 그리고 채용 담당자와 리더들마저도 본인들이 채용하는 직무에서 어떤 커리어를 키울 수 있을지 모르고 확신하지 못하는 '정보의 공백' 상태에서 지원자는 결국 스스로 정보를 찾아야 한다. 결국 지원자가 다른 기업을 선택하지 않기 위해서는 특정 직무에 대한 채용을 계획하면서 지원자에게 어떤 커리어를 제공할 수 있는지 함께 설계해야 한다.

그 정보를 어떻게 제공할 것인지도 중요하다. 지원자에게 편리하면서도 효과적으로 전달되어야 한다. 채용 공고와 연결하여 최대한 접근이 용이하도록 정보를 제공하는 것도 좋고, 별도의 채널을 통해 커리어를 집중적으로 안내하는 것도 좋다.

채용 담당자가 아니더라도 지원자에게 효과적으로 정보를 제공할 수 있는 사람 또는 온·오프라인 도구를 활용해도 된다. 지원자와 같은 대학원 연구실 출신, 같은 회사 출신 선배사원을 활용하여 지원사에게 정보를 제공하는 것도 전통적으로 효과적인 방법이며, 조직의 리더가 직접 입사 후의 비전과 성장 경로를 제안하는 것도 좋은 방법이다. 그들이 원하는 정보를 그들이 원하는 방법으로 전달해 준다면 그들은 진정 자신이 원하는 올바른 선택을 하게 될 것이다.

결과는 투명하고 신속하게 알려라

최근 한 헤드헌터로부터 이직을 제안받은 적이 있다. 미래 성장 가능성이 높고 사업구조가 탄탄한 회사였고, 성장하기 좋은 기회가 많은 직무였다. 하지만 나보다는 HR 업계의 다른 지인이 더 잘 어울릴 것 같아서 헤드헌터에게 다른 HR 경력자를 추천했고, 헤드헌터는 흔쾌히 감사해하며 지원을 돕기로 했다.

채용 담당자라면 누구나 들어봤을 만한 서치펌의 헤드헌터였는데, 지인은 입사지원서를 제출하고 나서 수주일이 지나도록 아무런 답을 얻지 못했다. 중간에서 지인을 소개해 준 탓에 헤드헌터에게 수차례 연락을 했고, 한참 후에야 서류전형에서 불합격했다는 회신을 받을 수 있었다. 헤드헌터에게 지원자에게도 그 사실을 알려 달라고 부탁했지만, 지인은 결국 아무런 연락을 받지 못했다. 나는 불쾌한 마음이 들었지만, 지인은 오히려 무덤덤했다.

"이런 경우가 제법 있어요. 연락이 없으니 불합격이다 생각하는 거죠."

대부분의 헤드헌터는 지원자와 수시로 소통하며 결과를 빠르게 피드백한다. 앞에서 언급한 사례는 극히 예외겠지만 안타깝게도 실제로 벌어진 일이다. 단지 회신이 없는 것 하나만으로 기다리는 시간과 감정을 낭비하는 것은 지원자 입장에서 매우 비효율적이다. 하다못해 만 원짜리 햄버거를 하나 배달 주문해도 음식이 조리 중인지, 라이더가 음식을 픽업하여 어디까지 이동 중인지 실시간으로 정보가 공유되는데 채용 전형에서 그 결과를 듣는 것조차 쉽지 않다면 그것은 좋은 경험이 될 수 없다.

이런 답답한 상황은 대부분 불합격자를 대상으로 발생한다는 점에 유의해야 한다. 이미 부정적인 감정 상태의 지원자에게 더욱 더 강렬하게 각인되는 부정적인 경험의 순간이 되며, 결국 그 지원자뿐만 아니라 지원자의 다양한 지인들에게도 그 기업이나 서치펌은 피하고 싶은 대상이 될 것이다.

지원자에게 각 전형 절차의 진행 일정과 그 결과의 공유 시기를 채용공고에서 미리 안내해 주는 것은 채용절차법에도 언급된 의무 사항이다. 결과에 대한 회신은 결정이 난 후 빠를수록 좋다. 기업과 지원자 모두의 시간을 아끼는 방법이며, 서로의 효율을 높이는 길이기도 하다. 지원자가 기다리는 시간과 감정을 염려하고, 불필요한 시간이 낭비되지 않도록 일정을 배려하는 기업이라면 그 안에서의 성장 경험도 매우 효율적일 것이라는 기대를 가질 만하다.

STEP 18

존중감 :
고객이자 동료로 대우받는 지원자

　인간관계에서 '존중'은 누구나 기본적으로 지켜야 할 가치로 인식된다. 사람은 누구나 존엄한 존재이므로 타인을 대할 때 상대방을 존중하고 예의를 지켜야 한다고 교육받고, 스스로도 그렇게 하려고 노력한다. 그러나 아이러니하게도 특정한 역할 관계에 놓이게 되면 이러한 존중감이 쉽게 무시되는 경우가 있다. 가르치고 배우는 관계이거나 평가하고 평가받는 관계 등이 그러한데 채용 전형 과정도 예외는 아니다.

　이 관계에서 평가자는 자신의 평가 권한을 통해 본인이 우위에 있다고 착각하기 쉽다. 그러다 보면 지원자를 제대로 평가하고 선발하기 위한 것이라는 이유로 마음대로 질문하고, 불투명한 기준으로 평가하고 피드백하는 태도가 나오기도 한다. 이에 더해 기업의 효율성을 우선하는 과정에서 지원자의 많은 수고와 노력을 아무렇지 않게 요구하게 되고, 더 나아가 지원자의 직무 역량과 무관한 개인적인 질문들을 퍼붓거나 불필요하게 압박하는 등 '채용 갑질'도 나타나게 된다.

그렇다면 지원자를 무조건 이해하고 배려하는 것이 존중일까? 그렇지 않다. 지원자의 감정을 하나하나 살피다 보면 결국 채용 전형의 목적과는 어긋나는 부적절한 평가가 될 수 있다. 제대로 검증된 인재가 아닌 조직의 직무와 무관한 인재를 선발할 수도 있다. 지원자의 마음을 살피느라 불편한 정보를 전달하지 않다 보면 지원자는 입사 후 기대와 다른 상황에 실망하고 결국 이탈로 이어질 수 있다.

지원자의 마음을 존중하는 것이 아니라 지원자가 이 회사에 지원한 동기와 이 전형 과정을 준비하고 참여하면서 들인 노력과 시간, 그가 쌓아 왔고 앞으로 키워 나갈 커리어, 그리고 비전을 존중해야 한다. 그러한 존중감에서 평가를 시작해야 한다.

평가자는 피평가자에 비해 우위에 있는 관계가 아니라 피평가자를 제대로 평가하여 우수한 인재의 선발과 조직의 성장에 기여하는 기능적인 관계이다. 그 기능으로서의 역할을 충실히 하는 것에서 비로소 지원자에 대한 존중감이 시작된다.

지원자 개인 맞춤형 경험을 제공하라

'귀하의 자질은 높게 평가되었습니다만', '다음 기회에 함께 할 수 있기를 바랍니다.', '우수한 지원자들이 많아 선발이 어려웠고', '결국 귀하와 함께 할 수 없었습니다', '제한된 인원을 선발해야 하는 부득이한 상황이었습니다.'

2017년 인크루트에서 구직 경험자 527명을 대상으로 한 '가장 불편한 탈락 통보 멘트'가 무엇이냐는 질문에 대한 1~5순위 답변이다. 지원자의 감정을 잘 살피고 배려한 것 같은 이 문구들이 왜 정작 지원자들의 마음을 불편하게 하는 것일까?

오래전에 한 채용 담당자의 구구절절한 불합격 통보 메시지가 화제가 된 적이 있었다. '지원자가 부족하고 모자란 것이 아니라 회사가 더 많은 분을 모시지 못한 잘못'이라는 그 메시지는 과거의 짧고 간단한 메시지들에게 비해 중요한 정보를 담고 있었다. 바로 지원자 수와 합격자 수에 대한 정보였다. 하지만 이 정보를 제외하고 지금 이 메시지를 본다면 감성적이기는 하지만 실제 지원자들의 마음에는 와 닿지 않을 수도 있다. 왜 감동이 없을까?

음식 배달을 받아 포장지를 뜯고 나면 플라스틱 용기 위에 포스트잇으로 붙어 있는 메시지를 볼 수 있다. 음식 주문에 감사하며 즐거운 식사를 바란다는 손글씨가 인상적이긴 하지만 여기서 감동을 느끼기는 어렵다. 미리 인쇄된 스티커이거나 정형화된 내용을 손글씨로 미리 준비해 둔 것들이기에, 그리고 그 목적이 리뷰 별점이나 재주문을 노리는 흔한 마케팅 전략임을 알기 때문이다.

나에게 차별화된 정보가 아니라면 가치가 없다. '사랑합니다. 고객님'이라는 인사말도 연인의 사랑 고백과는 차원이 다르다. 아무리 구구절절한 메시지를 담아낸다고 해도 나에게만 차별화된 것이 아니라면 진정성이 없기에 감동이 없는 것이다. 따라서 중요한 것은 전형 과정에서 개인에게 맞춰진 '경험'을 제공하는 것이다. 개인의 차별화된 역량에 맞춰 질문하고 답변에 귀 기울이는 것, 지원자의 질문 하나하나에 신경 써서 답변하는 것이야말로 감동적인 경험이다. 여기에 더해 전형 결과에서 구체적으로 지원자 본인의 강점과 보완점이 무엇인지를 피드백해 준다면 비록 그 내용이 쓰고 불편하더라도 달콤하고 길기만 한 메시지보다 훨씬 값질 것이다.

지원자 개인정보를 철저하게 지켜라

"제가 그 회사에 지원한 것을 어떻게 다른 동료가 알게 된 거죠?"

한 사업장에서 면접을 본 지원자로부터 항의 메일을 받은 적이 있다. 지원자 본인의 면접 사실을 현재 다니는 회사에서 알게 된 것 같다고 했다. 확인해 보니 한 면접위원이 지원자의 현재 회사에 있는 지인과 통화를 하면서 넌지시 지원자에 대해 물어본 것이었다. 지원자의 입사 지원이나 면접 사실을 공유하지는 않았지만, 그 회사의 지인은 HR 부서의 동료와 이 얘기를 나누었고, 최근 휴가가 잦았던 지원자를 의심하게 되었다. 상황을 확인하고 지원자에게 연락을 하여 구체적인 상황을 설명하고 정중하게 사과를 했다. 그 면접위원에게도 잘못을 주지시키고 이와 유사한 상황이 다시 발생할 경우 앞으로 모든 면접 과정에서 배제할 것을 경고했다.

지원자의 개인정보는 최고의 보안으로 지켜져야 한다. 지원자의 민감한 정보를 소중하게 취급하는 것은 법률적인 의무 사항이기도 하지만 지원자들을 인격적으로 존중한다는 점에서 가장 기본적인 증명이기 때문이다. 그럼에도 불구하고 위에서 말한 것처럼 다양한 방식으로 정보가 유출되기도 한다. 따라서 지원자 개인의 정보는 최소한으로 요구되어야 하며, 채용 전형 과정에 참여하는 사람도 필수 인원으로 제한해야 한다. 그리고 전형 과정 이후에는 정해진 기간 내에 모든 정보를 파기해야 하고, 그 전까지는 정보를 암호화하여 보관해야 한다.

지원자의 이력서와 자기소개서는 단지 평가를 받기 위해 작성된 몇 줄짜리 문서가 아니다. 지원자의 많은 고민과 노력, 인생이 담겨 있다. 따라서 채용 담당자는 마치 지원자의 정보 하나하나를 한 사람의 인생을 다루는 것처럼 신중하게 대해야 한다. 개인정보가 허술하게 다루어지는 경험을 한 지원자는 그 기업의 전형 과정이나 근무 환경 어느 것도 쉽게 신뢰할 수 없을 것이다.

지원자의 말을 듣고 공감하고 반영하라

"많은 질문에 성실하게 답변해 주셔서 감사합니다. 마지막으로 저희에게 질문하고 싶으신 것이 있다면 지금 말씀하셔도 됩니다."

지원자에게 질문이 있는지 물어보면 열에 여덟, 아홉은 "제가 합격하게 되면 입사하기 전까지 무엇을 준비하면 좋을까요?"였다. 한때 취업준비생을 위한 교육이나 책자에서 모범 질문으로 제시되다 보니 이제 면접위원들에게도 익숙해져서 답변이 자동으로 나오기도 한다. 이렇게 뻔한 대화보다는 솔직한 지원자의 목소리를 듣기 위해 차라리 전체 면접의 소감을 묻는 것이 낫다.

지원자를 존중한다는 것은 일방적으로 기업의 입장에서 베푸는 것이 아니다. 수평적으로 지원자와 소통하며, 그의 반응과 의견을 존중한다는 의미이다. 많은 기업이 역면접을 통해 지원자의 목소리에 귀를 기울이고, 답변을 통해 기업과 직무, 근무 환경을 설명한다. 지원자를 대상으로 만족도 서베이를 하면서 의견을 듣고, 전형 과정과 채용 브랜드 개선 작업에 이를 반영하는 기업도 늘고 있다.

지원자는 잠재적 동료이자 현재 외부인으로서 다양하고 깊이 있는 정보와 영감을 줄 수 있는 소중한 채널이다. 지원자의 비정형화된 질문과 의견은 내면에 가려진 동기와 인성을 파악할 수 있는 중요한 수단이 되기도 한다. 내부에서 미처 알 수 없었던 기업의 문제점을 진단하고 개선할 수 있는 기회가 되기도 한다. 뿐만 아니라 지원자 본인의 질문과 의견을 적극적으로 청취하고 소통하는 기업 문화를 경험하고 그 기업에 입사를 한다면 그에게는 스스로 의견을 개진하며 주도적으로 업무를 이끌어 갈 수 있는 동기가 심어지게 될 것이다.

지원자의 감정을 관찰하고 생각하라

"직관이 먼저이고, 전략적 추론은 그 다음이다."

미국의 사회심리학자 조나선 하이트(Jonathan Haidt)는 저서 『바른 마음』에서 이렇게 말했다. 이 문장은 코끼리와 코끼리 조종사에 비유되는데, 인간의 판단은 순식간에 일어나는 감정적인 직관(코끼리가 움직이는 방향)에 의해 먼저 내려지고, 그 결정을 정당화하기 위한 논리(코끼리 조종사)가 나중에 따라온다는 것이다.

중요한 경험은 기억에 남는 감정을 남긴다. 그리고 그 감정이 이끄는 대로 판단한다. 따라서 지원자를 존중한다는 것은 지원자의 감정을 존중한다는 것이기도 하다. 제 아무리 잘 설계된 채용 전형이라고 해도 지원자가 100명이라면 느끼는 감정의 종류도 100개일 정도로 다양할 수밖에 없다. 지원자의 감정이 결정되면 그 결정의 이유를 채용 전형 과정에서의 작은 경험들이 설명할 뿐이다. 채용 담당자는 정해진 채용 절차가 있다고 해도 때에 따라서는 변화무쌍하고 신속하게 절차를 넘나들며 움직여야 한다. 지원자의 감정은 상황에 따라 변할 수 있기 때문이다.

대학원을 졸업한 뒤 우리 회사와 다른 회사에 동시에 합격하고 선택을 고민하던 지원자가 있었다. 그녀는 긴 고민 끝에 다른 회사의 입사를 선택하여 그 회사의 신입사원 입문 교육을 받기로 했다. 채용 담당자인 나는 생각에 빠졌다.

'왜 우리가 아닌 그 회사를 선택했을까?'

그 지원자와는 많은 기간 동안 수차례 대화를 나누었기에 기억을 되짚어 보면서 그녀의 감정을 어느 정도 유추해 볼 수 있었다.

'미안해서다. 그 회사의 채용 담당자와 리더에게 미안해서 그 선택을 한 거야!'

그녀는 그 회사에 입사한 이후에도 우리 회사를 선택하지 않은 것에 대한 후회가 있었다. 하지만 우리 회사보다 먼저 자신에게 입사를 제안한 그 회사에 대해 미안한 마음에 차마 우리 회사를 선택할 수 없었던 것이었다. 나는 신입사원 교육을 받던 그녀에게 연락을 하고, 교육을 마치고 연수원 버스가 도착하는 고속버스터미널 인근에서 만났다.

"백화점에 옷을 사러 갈 때 한 매장에서 옷을 입어 보면 결국 다른 매장에도 못 가 보고 그냥 거기서 옷을 사 버리는 성격이죠?"

그녀는 웃으며 고개를 끄덕였다.

"하지만 커리어는 달라요. 옷은 사 놓고 안 입으면 그만이지만 커리어는 한 번 선택하면 결국 흔적이 남거든요. 그래서 지금 미안한 마음 때문에 잘못된 결정을 하면, 나중에 그 잘못을 복구하려고 할 때 더 크게 미안해질 수 있어요. 지금 경험해 본 커리어가 마음에 든다면 그걸로 고르면 되지만, 그게 아니라면 과감하게 다른 커리어를 골라야 해요. 본인뿐만 아니라 커리어를 함께 만들어 갈 회사를 위해서도 그게 올바른 선택이에요."

그녀는 결국 그 회사로 입사한 지 2주 만에 퇴직을 결정하고 우리 회사로 입사했다. 그 회사의 채용 담당자와 리더에게는 미안한 일이지만 장기적으로는 그 회사에게도 더 나은 일이라고 생각한다.

이처럼 채용 전형 과정에서 지원자가 느끼는 감정은 매우 다양하다. 그 감정은 그들이 직접 겪은 경험이라는 토양에서 자라난다. 지원자가 느끼는 감정에 따라 이를 강화하거나 다른 감정으로 전환하기 위해서는 또 다른 경험이 필요하다. 그 당시 그녀가 그 기업을 선택했던 감정이 '미안함'이었기에, 그 '미안함'을 우리에게도 느끼게 하는 동시에 잘못된 선택에 대한 '후회'와 올바른 커리어에 대한 '의지'를 심어 주기 위해 그날 그 자리에서 다른 회사의 연수원 버스가 도착하기를 기다렸던 것이다.

어느 회사가 더 그 지원자를 존중하는지는 철저하게 그 지원자가 느끼는 감정으로 결정된다. 결국 그 인재에게 어떠한 감정을 느끼게 할 것인지 계획하고, 그 감정을 빠르게 알아차리고 움직이게 만들 수 있는 기업이 인재를 얻는 데 성공한다.

채용은 단지 인재가 지원하도록 유도하고 평가하는 과정이 아니라 그 기업이 사람을 어떻게 대하는지를 드러내는 거울이다. 지원자에게 공정함을 느끼게 하고, 불필요한 낭비 없이 효율적으로 소통하며, 한 사람의 시간·노력·감정을 존중하는 전형은 단순한 HR 기법을 넘어 기업 철학의 표현이기도 하다. 공정성은 신뢰를, 효율성은 만족을, 존중감은 감동을 남긴다. 지원자가 채용 전형의 여러 순간에서 이 3가지 요소를 느낄 수 있다면, 단순히 채용을 넘어 커리어 여정의 시작으로서 그의 인생에서도 매우 중요한 순간으로 기억될 것이다.

CHAPTER 5

HR 담당자를 위한 지원자 경험 설계법

당신이 친구로부터 소개팅을 제안받았다. 상대방의 나이, 직업, 취미, 성격 등 몇 가지 정보를 확보했다. 친구가 상대방의 전화번호를 알려 주며 오늘 중으로 연락해서 언제 만날지 약속을 잡으라고 당부했다. 이제 무엇을 해야 할까?

가장 먼저 모바일 메신저 프로필의 사진부터 바꾸어야 한다. 해외 축구 선수나 인터넷 게임 캐릭터의 사진이라면 당장 지우고, 자연스러운 일상 속 사진으로 바꾼다. 인상적인 여행지에서 찍은 옆모습 실루엣이라면 좋고, 강아지를 쓰다듬고 있는 모습이라면 더 좋다. 상대방이 프로필 사진을 보고 어떤 감정을 느낄지 예상하고, 만나서 서로 얘기를 나눌 만한 소재로 채우는 것이 좋다.

모바일 메신저나 문자 메시지를 통해 인사를 나눈다. 상대방의 성격에 따라 통화를 하는 것도 좋지만, 어떤 인사말을 건네고 어디에서 통화를 해서 어떤 잡음이 흘러 들어가게 할지도 미리 생각해 두어야 한다. 길가에 주차된 자동차 안에서 창밖의 자동차 소음을 들려주며 어디에 가는 길이었는지, 퇴근 후 들르는 스터디카페의 복도에서 조용한 소음을 들려주며 무슨 책을 읽는지 대화를 이어 갈 수 있는 상황도 함께 고려해야 한다.

첫 만남의 장소가 정해지면 동선을 생각하고 어디에 앉아서 상대방을 기다릴 것인지, 상대방이 문을 열고 들어와 두리번거릴 때 자신이 어떤 모습으로 상대방에게 보이는지를 생각해 본다. 내가 앉은 자리의 배경과 얼굴 각도, 그 시간대의 자연광은 어떤 조화를 만들어 내는지 예상해 본다. 첫인상이 상대방에게 어떤 감정으로 전해질지 생각해 보고, 그날 입을 옷과 헤어스타일을 고민한다.

드디어 첫 만남의 날이다. 계획한 음료를 주문하고, 질문을 준비하고, 예상 답변에 계획한 반응을 연출한다. 90분쯤 지나 사람들이 몰려들어와 카페 안이 시끄러워지면 자연스럽게 식사장소로 이동할 것을 권한다. 밀리는 의자에서 소리가 나지 않도록 세심하게 의자를 들어 움직이고, 카페 문을 먼저 열어 준다.

이렇게 이어지는 소개팅의 여정에서 많은 것이 순조롭게 움직인다면 상대방은 당신이 사전에 계획한 감정을 느끼게 될 것이다. 그 감정은 상대방의 취향과 당신이 가진 강점의 교집합을 고려하여 모든 여정에 녹여낸 결과이다. '이 사람은 차분하고 스마트하면서도 위트가 있어서 재미있다. 다정다감하고 이성적이어서 믿을 만하다.'라는 인상을 주는 '즐거움', '안정감', '신뢰'의 감정들이다.

소개팅 준비에서 만남까지의 과정은 채용 공고와 채용 담당자와의 만남에서, 그리고 면접전형과 입사 첫날에 이르기까지 지원자가 느낄 수 있는 감정을 의도된 방향으로 이끌어 가는 것과 비슷하다. 소개팅 상대방이 당신에 대해 어떤 감정을 가지게 되고, 당신과의 관계를 이어 가며 어떤 미래를 상상하게 만드는 것처럼 채용 담당자도 지원자가 회사와 직무에 대해 어떤 감정을 가지고 회사와의 관계를 통해 스스로의 커리어를 어떻게 만들어 갈 수 있을지 생각하게 만들어야 한다. 상대방의 감정을 미리 계획하고 그 감정을 느끼도록 의도된 경험을 깔아 둔 후 상대방이 그 경험 여정을 걸어오게 만드는 것이다.

하나의 경험 여정에는 반드시 겪게 되는 순간들이 있다. 그 순간들이 만들어지는 여러 가지 조건을 만들어 냄으로써 의도된 경험을 하게 할 수 있고, 그 경험은 특정한 감정을 목적으로 한다. 물론 운명적인 사랑이라면 이런 경험 여정을 미리 설계하고 움직이는 것이 무슨 의미가 있겠는가? 하지만 커리어, 채용과 취업은 계획적이다. 당신의 채용 또는 취업을 운명에 맡기기에는 세상이 불확실하고, 기업과 인재는 너무 다양하다. 사랑은 운명 또는 우연에 맡기더라도 채용과 취업은 계획된 여정에서 흘러가야 한다.

'직원 경험'은 더 이상 생소한 개념이 아니다. 기업은 구성원의 입사부터 퇴직까지 전체 경험 여정에서 구성원이 긍정적인 기억의 순간을 가질 수 있도록 모든 접점을 전략적으로 관리한다. 구성원은 입사자, 피평가자와 평가자, 팀원과 리더, 퇴직자가 되기까지 각각의 단계에서 다양한 경험을 가지게 된다.

모든 여정의 맨 앞에서 '지원자'로서의 경험 여정을 시작한다. 지원자와 기업이 서로 마주하고 합류하는 과정은 지원자의 특성과 산업 환경 변화 등에 따라 매우 다양하다. 그럼에도 불구하고 공통적으로 모집과 선발 그리고 온보딩의 단계를 거치게 되어 있다. 그 안에서 지원자라면 반드시 거치는 경험의 순간들이 있으며, 기업은 이를 지원자의 긍정적인 기억으로 남도록 만들 수 있는 기회를 가진다.

지원자 경험은 전체 직원 경험 여정의 한 부분이면서도 명확하게 구분되는 단계이다. 지원자 경험과 직원 경험의 차이를 이해하면서 그에 맞는 경험 여정을 그려 낼 수 있다.

지원자 경험과 직원 경험은 무엇이 다른가

직원 경험 설계는 목표 수립, 데이터 수집/해석, 페르소나 도출, 여정 매핑, 핵심 순간 정의, 설계와 실행 그리고 지속적인 개선으로 이루어진다. 지원자 경험 설계는 이러한 직원 경험 설계의 한 부분으로 설명될 수 있다. 하지만 일반적인 다른 직원 경험의 순간들과는 차이가 있다. 페르소나와 여정의 성격이 다르기 때문이다.

페르소나는 지원자 또는 지원자가 될 수 있는 모든 인재이며, 그 여정은 그 회사를 알게 되는 순간부터 입사하는 순간까지이다. 페르소나와 여정이 모두 회사 내의 것이 아니며 외부에 있다 보니 상대적으로 세부적인 특성을 파악하기 어려운 점이 많다. 그렇기 때문에 지원자 경험 실계는 직원 경험 설계의 한 부분이지만, 다른 측면에서 고려해야 할 요소들이 있다.

지원자는 밖에 있다

지원자는 내부의 직원이 아닌 외부의 고객과 같다. 지원자라는 페르소나는 언뜻 보면 신입과 경력으로 단순하게 구분하여 설정이 가능해 보이지만 외부인이다 보니 내부 구성원보다 더 다양하고 감정을 파악하기 어렵다. 내부 구성원은 몇 차례의 실험과 성공 또는 실패를 통해 그 감정을 파악하고 그에 맞는 경험 여정을 개선해 나갈 수 있다. 하지만 외부인인 지원자에게 실험은 위험하다. 한 번의 실패만으로도 그 인재를 놓칠 수 있기 때문에 동일한 사람을 대상으로 두 번 다시 경험 여정을 설계하거나 개선하기 어렵다.

지원자는 내부 구성원에 비해 기업과 직무에 대한 정보를 얻을 수 있는 채널이 제한적이다 보니, 채용 담당자를 통해 직간접으로 전달되는 정보가 매우 중요하다. 이는 채용 담당자라는 채널을 통해 정돈된 정보를 보내줄 수 있다는 장점이 있지만, 반대로 채용 담당자가 제대로 된 정보를 주지 못할 경우 경험 설계가 어렵다는 단점도 있다. 채용 담당자가 가지는 역할이 매우 크다는 점을 의미하며, 채용 담당자들이 지원자 경험 설계에 많은 시간과 노력을 기울여야 하는 이유이기도 하다.

지원자 경험 여정은 짧다

지원자 경험은 그 여정이 짧고 일회적이다. 일반적인 직원 경험은 수년에 걸쳐 진행되고 평가, 보상, 승진 등 여러 경험이 일정 주기로 반복하여 발생한다. 그러다 보니 잘못 형성된 감정의 기억에 대한 회복의 기회가 있다. 그러나 지원자 경험은 그렇지 않다. 짧은 기간에 걸쳐 감정의 기억이 형성되고 다시 회복할 수 있는 기회도 거의 없다.

그래서 강한 감정을 단기간에 빠르게 형성해야 한다. 다행히 극도로 민감하고 떨리는 취업과 이직의 순간은 감정의 기억을 심어 내기에 더 없이 좋은 상태이다. 하지만 그만큼 단기간에 정확하게 감정을 만들어 내지 못하면 부정적인 감정이 비집고 들어올 틈이 생기게 되고 부정적인 감정은 더 쉽게 자리를 잡아 깊은 기억으로 남는다.

여정이 짧다는 것은 간단하다는 것을 의미하지 않는다. 다양한 기회와 위기가 짧은 기간으로 압축되어 있다는 것이며, 이 압축된 여정 안에 공정성·효율성·존중감이라는 감정의 코드를 세밀하게 배치해 두어야 한다. 그것도 여러 번의 경험을 통해 느낄 수 있도록 말이다.

STEP 19

1단계 :
지원자 페르소나 만들기

    지원자 경험 여정을 설계하기 위해서는 먼저 그 기업의 지원자 특성을 반영한 페르소나를 정해야 한다. 페르소나는 타깃 대상의 사고방식과 행동을 이해하기 위해 만든 구체적인 가상의 인물이다. 가상의 상황에서 어떻게 생각하고 어떻게 행동할지 예측하기 위해 실존하는 많은 사람의 공통된 특징을 압축해 만든 대표성 있는 인물이다.

    예를 들어, 피트니스 센터에서 타깃 고객을 설정할 때, '이제 막 회사에 입사한 20대 후반의 남성으로 혼자 독립하여 살고 있고 퇴근 후 운동을 통해 멋진 몸매를 만들기 원하는 남자' 식으로 정하는 것과 같다.

    실제로 나이키는 남성 스포츠 시장과는 다른 여성 스포츠 시장에서 성공을 거두기 위해 보스턴에 사는 30세의 마라톤을 좋아하는 여성 '제시'를 페르소나로 설정하고, 제시에게 어울리는 러닝 의류와 신발을 개발하고 판매했다.

외부 고객 경험뿐만 아니라 내부 직원 경험의 개선을 위해서도 내부 구성원을 여러 그룹의 페르소나로 나누어 그들의 행동과 감정 패턴을 파악하고, 그들의 숨겨진 니즈까지 파악하는 활동이 많은 기업에서 이루어지고 있다.

하지만 지원자는 내부 구성원에 비해 이해하기 어려운 페르소나이다. 그들은 내부 구성원에 비해 정보가 부족하고, 그들의 진짜 동기와 맥락을 이해하기 어렵다. 단기적인 채용 전형을 통해서만 만나게 되다 보니 지속적으로 관찰하거나 피드백을 받으면서 분석을 하기 어렵다. 취업과 이직이라는 상황은 불안감을 기본적인 감정으로 깔고 있다 보니 사소한 경험에도 심리적 반응이 크게 일어난다.

지원자는 같은 회사를 다니고 있다는 공통적인 속성을 가진 내부 구성원에 비해 다양한 상황에서 다양한 동기를 가지고 있기 때문에 일반적인 특성을 설정하기가 어렵다. 지원자 경험 설계 과정에서 먼저 페르소나를 설정하는 것부터가 쉽지 않다.

하지만 다행스럽게도 우리가 원하는 인재들이 주로 속해 있는 집단을 찾는 것은 가능하다. 결국 우리가 채용해야 하는 인재가 어디에 있는가에 따라 그들이 속해 있는 집단을 구분하고, 그 집단을 분석함으로써 페르소나를 만들 수 있다.

지원자에게 평균은 없다

지원자 페르소나는 단순히 신입과 경력으로 구분하여 만들 수는 없다. 그보다 훨씬 복잡하고 다양한 이해관계를 가지고 있기 때문에 여러 요인을 반영한 세분화가 필요하다. 먼저 경력과 학력에 따라 구분할 수 있으며, 선호하는 직장이 안정적이고 워라밸이 보장된 회사인지 또는 성장하고 새로운 기회에 도전할 수 있는 기회가 있는 회사인지 등에 따라 구분할 수 있다. 기업과 직무에 대한 정보를 얼마나 가지고 있는지, 정보를 적극적으로 수집하는 유형인지 또는 그렇지 않은지에 따라 구분할 수 있고, 어느 채널을 통해 지원하게 되었는지도 바탕에 깔린 지원자 경험을 알 수 있기에 중요한 기준이 될 수 있다.

지원자 페르소나를 구분할 수 있는 기준은 여러 가지가 있지만, 어떤 기준들을 복합적으로 설정할지는 결국 어떤 인재를 채용할 것인지, 그들이 어느 집단에 속해 있는지에 따라 달라진다. 지원자 경험 전반을 설계할 때와 특정한 활동을 설계할 때도 각기 다른 페르소나를 설정할 수 있다. 임원들 대상의 면접위원 교육을 만들 때와 유튜브 채용 홍보 영상을 만들 때의 페르소나가 다를 수 있다. 지원자의 페르소나는 최대한 다양하고 구체적일수록 좋다. 수많은 기업이 저마다의 지원자들을 맞이하여 구성원으로 만들어 가는 것처럼 지원자 역시 기업을 선택하는 이유와 배경은 매우 다양하기 때문이다.

지원자는 전형의 흐름에 따라 변한다

지원자 페르소나는 그 기업이 채용하고자 하는 인재에서 출발한다. 하지만 중요한 점은 채용하고자 하는 인재 그 자체가 페르소나는 아니다. 보다 정확히 말하면 채용하고자 하는 인재가 속해 있는 집단에서 페르소나를 그려 내야 한다. 페르소나는 우리가 꿈꾸는 인물이 아니라 그 인물을 찾기 위해 현재 실제로 만나고 있는 사람들, 또는 만나게 될 가능성이 높은 사람들에 대한 모델이어야 한다.

지원자는 각 전형 단계별로 감정 상태가 급격하게 변할 수밖에 없다. 이 점을 고려하여 그에 맞춘 지원자 경험 여정의 각 단계를 정교하게 구성하는 일이 중요하다. 이는 곧 지원자가 처음 기업을 인식하고 접촉하는 순간부터 다양한 채용 단계와 최종 결정에 이르기까지의 흐름에서 그들의 감정과 기대, 그리고 잠재적 불안감의 변화까지 세심하게 고려해야 한다는 것을 의미한다. 각 단계마다 지원자가 느끼는 심리적 장벽이나 동기부여 요소, 소통 방식의 차이 등을 분석하고, 이를 바탕으로 살아 있는 페르소나를 만들어야 한다.

합격자를 기준으로 페르소나를 제한하여 만드는 것은 금물이다. 채용 전반에 걸쳐 다양한 경험을 이해하기 위해서는 입사 지원을 망설이다가 결국 지원하지 않는 인재, 각 전형 과정에서 탈락한 인재, 전형 과정에서 중도에 포기하는 인재, 불쾌한 채용 전형을 경험하고 커뮤니티에서 악평을 퍼붓는 인재까지 다양한 경험을 모두 함께 분석해야 한다.

결국 진정한 지원자 페르소나는 '이상적인 인재상'이 아니라 실제 채용 활동에서 마주치는 사람들의 감정, 기대, 행동을 입체적으로 이해하기 위한 모델이다. 그 모델을 통해 누구와 어떻게 만날 것인가를 설계해야 한다. 지원자 페르소나는 살아 숨 쉬는 사람의 이야기이며, 하나의 정형화된 모델로 설명할 수 없다. 하지만 기업에서 채용하고자 하는 인재들이 어디에 있는지를 알 수 있다면 그들의 감정과 기대를 분석하고 경험 여정을 연결하여 살아 있는 페르소나를 그려 낼 수 있다. 살아 있는 페르소나를 그려 낼 수 있어야 살아 있는 여정을 만들어 낼 수 있다.

STEP 20

2단계 : 지원자 경험 여정 분석하기

지원자는 기업이 그려 놓은 여정에 따라 움직인다. 그 여정은 대부분 채용 공고에 기재된 일정에 따라 움직이고, 지원자는 전형 단계별로 준비된 장소에서 준비된 사람을 만나게 된다. 지원자 경험 여정은 어느 정도 통제된 상황에서 기업의 의도에 따라 그려진다.

그 안에서 느끼는 지원자들의 감정은 다양하다. 그 다양함은 단순한 개인차가 아니다. 지원자의 배경, 기대, 정보 접근성, 과거 경험, 심리 상태에 따라 동일한 여정이라도 전혀 다른 감정 곡선을 그린다. 지원자 경험 여정도 상황에 따라 세부적인 차이가 있다. 그 작은 차이에서도 지원자가 느끼는 감정은 크게 달라진다.

결국 지원자 경험은 조직이 설계하고 의도한 감정과 개인이 느끼는 감정 사이의 간극을 어떻게 줄이느냐의 문제다. 단순히 지원자 경험 여정을 그려 내는 것이 중요한 것이 아니라 그 여정 안에서 지원자의 감정

흐름을 섬세하게 읽고 반응하는 감각이 필요하다. 좋은 채용이란 절차가 매끄러운 것이 아니라 가치 있는 경험의 순간을 통해 지원자의 감정이 의도대로 변화하고 기억으로 남는 여정을 뜻한다.

지원자가 기억하는 순간들이 있다

지원자 경험 여정은 매끄러운 하나의 흐름처럼 보이지만 실제로는 몇몇 결정적인 순간(Moment of Impact)으로 이루어진다. 이 순간들은 지원자가 기업에 대해 어떤 감정을 가질지 결정하며, 기업이 의도한 메시지를 전달할 수 있는 가장 중요한 접점이 된다. 이 필연적인 순간들을 놓치지 않고 관리하는 것이 지원자 경험 여정의 핵심이다. 이를 위해서는 먼저 그 기업이 가지고 있는 지원자 경험 여정을 분석하여 필연적인 순간들을 정하는 것이 필요하다.

지원자 경험 여정은 크게 인재 모집, 선발, 온보딩 3개의 단계로 구분할 수 있다. 지원자의 감정도 크게 3단계로 구분되는데, 처음 입사 지원을 할 때의 기대감, 선발 과정에서의 초조함, 그리고 입사가 결정되고 나서의 긴장감은 서로 다를 수밖에 없다. 하지만 3가지 단계로 구분하더라도 필연적인 순간마다의 감정은 또 다른 문제이다. 각 전형 단계뿐만 아니라 그 사이의 기간에도 지원자의 감정이 변할 수 있으므로 그 순간도 놓쳐서는 안 된다.

채용 설명회에서 채용 담당자를 만나 인사를 나누는 순간, 입사 지원서 제출하기 버튼을 누르는 순간, 서류전형 결과 발표를 기다리며 침묵 속에서 그 회사의 홍보 영상을 보는 순간, 면접장에 들어서는 순간, 최종 전형 결과 발표를 접하는 순간, 그리고 회사의 구성원이 되어 첫 출근하는 순간까지 모든 순간이 지원자의 감정 변화를 급격하게 변화시킨다. 어떤 기업은 특정 순간에 기대감과 의지를 키워 내어 첫 출근날까지 이어지게 하는 반면, 어떤 기업은 여러 감정이 생기고 사라지기를 반복하다가 결국 부정적인 감정만 남아 채용에 실패하기도 한다. 지원자 경험 여정에서 새로운 감정이 생기고 사라지는 순간들을 그대로 방치하기 때문이다. 이를 관리하기 위해서는 먼저 지원자가 필연적으로 겪게 되는 그 순간, 그리고 기억에 남게 되는 그 순간들(Moment That Matters)을 찾아내야 한다.

지원자의 감정을 읽어야 한다

지원자의 여정은 수많은 경험의 연속으로 이어진다. 모든 경험은 눈에 보이지만 감정의 흐름은 보이지 않는다. 눈에 보이는 여정의 순간들보다 눈에 보이지 않는 감정의 흐름이 중요하다. 모집, 선발, 온보딩 단계에서 수많은 순간을 마주치면서 지원자의 마음속에는 기대, 실망, 의욕, 불안, 희망, 분노, 회의, 수용이 수없이 생겨났다 사라지기를 반복한다. 그 감정들은 강렬한 기억으로 남게 된다.

"그 회사? 분위기 좋아 보였어. 불합격하긴 했지만 다시 지원하고 싶더라."

"거기 입사할 바에야 그냥 다시 취준을 하는 게 낫지. 거기에선 내 미래가 안 보여."

이처럼 지원자 경험 여정은 구체적인 정보가 아닌 설명조차 쉽지 않

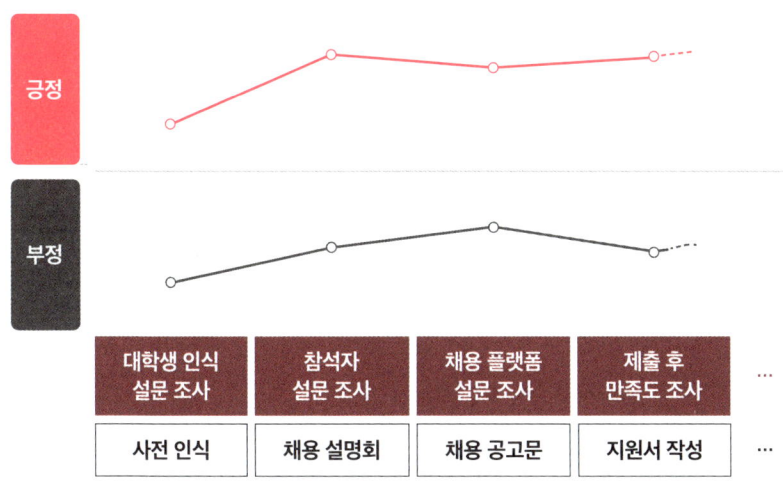

지원자 경험 여정 분석 결과 예시

은 감정으로 기억된다. 따라서 지원자 경험 여정의 매 순간마다 어떠한 감정이 생겨나고 사라지는지, 어떻게 변화하는지 알아내야 한다. 각 순간마다 기업이 기대하는 지원자의 감정을 예측하고, 실제 지원자의 감정 변화가 어떻게 일어나는지 분석하여 문제점과 개선 방향을 도출하는 것이다.

　지원자 경험을 포함한 직원 경험 여정은 데이터 분석을 통해 자세히 파악할 수 있다. 먼저 지원자의 모든 흔적을 기록하고 수집한다. 특히 디지털 흔적은 매우 가치 있는 데이터가 된다. 웹 로그와 지원서 작성/제출 데이터, 지원자와 채용 담당자 간의 이메일이나 챗봇 대화 내용, 별도의 만족도 조사 또는 다양한 온라인 채용 후기 사이트의 리뷰 내용은 다양한 문제를 찾아내는 데 도움이 된다.

이렇게 수집된 방대한 데이터를 의미 있는 정보로 가공하고 분석한다. 특정 단계에서의 이탈률, 지원자 행동 데이터 간의 연관성, 지원자들이 주로 정보를 얻는 채널 등을 분석하여 개선 또는 강화 방안을 만들 수 있다. 무엇보다도 지원자의 감정이 어떻게 변화하는지를 분석해 낼 수 있어야 한다. 다양한 텍스트 데이터를 특정 토픽(주로 채용 단계나 운영 주체)별로 분류하여 긍정과 부정적 키워드를 추출하여 지원자의 감정을 유출할 수 있다. 이렇게 분석된 내용을 바탕으로 채용 채널과 프로세스를 정비하고 새로운 지원자 경험 여정을 그려 낼 수 있다.

STEP 21

3단계 :
기억의 순간 심어 두기

지원자가 누구인지 알고, 그가 걸어갈 여정에서 반드시 거쳐야 하는 순간도 알게 되었다. 이제는 기존의 지원자 경험 여정을 개선하거나, 새로운 지원자 경험 여정을 설계하는 단계가 남아 있다. 이 단계의 목적은 지원자의 감정을 긍정적인 방향으로 유도하기 위한 것이며, 그 방향은 앞서 말한 공정성·효율성·존중감 측면에서 고려되어야 한다. 이 3가지 요소가 반영되어 지원자가 궁극적으로 이 조직과 직무를 통해 성장할 수 있을 것이라는 커리어에 대한 기대감이 계속 유지되고 커 갈 수 있다면 그것이 바로 기업과 지원자 모두가 원하는 경험 여정이 될 것이다.

새로운 기억의 순간들이 기다리고 있는 여정

앞서 파악한 지원자 페르소나와 감정의 흐름을 바탕으로 각각의 중요한 순간(Moment That Matter)에서 어떤 기억을 남기게 될 것인지 구체적인 계획을 세운다. 목표는 지원자에게 그저 만족스러운 여정을 만드는 것이 아니라 차별화된 경험을 통해 뚜렷하게 기억에 남는 순간을 만들어내는 것이다.

먼저 채용 여정 전반에 걸쳐 지원자들이 불안감, 초조함, 실망감 등 부정적인 감정을 느꼈던 지점들을 찾아내고 이를 해결할 방안을 마련한다. 예를 들어, '서류전형 결과 발표를 기다리는 기간'이 길어 불확실성과 불안감이 크다는 분석 결과가 나왔다면, 서류 검토 기간을 단축하거나 이 기간 동안 지원자들에게 회사 관련 콘텐츠나 채용 담당자의 짧은 응원 메시지를 정기적으로 발송하는 자동화 시스템을 도입할 수 있다. 이는 지원자들의 감정을 '방치'하는 대신 '관리'함으로써 부정적인 감정을 완화하기 위한 것이다.

지원자들이 긍정적인 감정을 느꼈던 순간을 파악하고, 이를 더욱 강화하는 방안을 설계한다. 예를 들어, '면접위원의 친절함'이 긍정적 후기에서 많이 나왔다면, 이 경험을 더욱 강력하게 만들기 위해 면접위원 교육 시 이를 공유하여 친절함을 더욱 강조하고, 면접 후 지원자에게 면접위원이 감사 메시지를 보내는 것을 고려할 수 있다.

부정적인 감정을 완화하고 긍정적인 감정을 강화하는 방법과 함께 다양한 페르소나별로 다르게 설계된 경험 여정을 적용하는 것이 중요하다. 예를 들어, '이직을 통해 빠르게 성장하길 원하는 주니어 탤런트 지원자' 페르소나에게는 직무의 미래 비전과 성장 로드맵을 담은 영상을 면접 전후로 제공하고, '안정적인 첫 걸음을 기대하는 신입 지원자'에게는 사내 복지나 워라밸 관련 정보를 중심으로 한 콘텐츠를 제공하는 것이다. 이는 지원자의 동기에 맞춰 기업의 가치를 전달하여 공감대를 형성하는 중요한 단계가 될 것이다.

반복해서 새로운 여정을 분석하고 설계한다

설계된 새로운 여정은 한 번의 실행으로 완성되지 않는다. 이는 지속적으로 현황을 분석하고 다시 개선해 나가는 순환 과정을 통해 조금씩 완성으로 다가간다.

새로운 경험 여정을 적용한 후에는 다시 지원자들의 행동과 감정 데이터를 수집해야 한다. 특정 채널을 통해 지원한 사람들의 합격률과 만족도는 어떻게 변했는지, 새로운 면접 피드백 시스템 도입 후 이탈률은 줄었는지 등을 정량적으로 측정한다. 각각의 시점에서 지원자의 감정은 과거에 비해 어떻게 변화했는지 분석하고, 원하는 수준까지 얼마나 차이가 있는지에 따라 또 다른 활동을 기획한다. 지원자들의 피드백을 실시간으로 수집하고 반영하는 시스템을 만들어 운영한다. 채용 프로세스 종료 후 진행하는 설문 조사뿐만 아니라 각 전형 단계마다 간단한 만족도 평가를 받거나 챗봇 대화 내용 분석을 통해 실시간으로 지원자들의 의견을 파악하는 것이다.

이 피드백 루프를 통해 얻은 데이터를 다시 분석하여 페르소나를 수정하고, 경험 여정을 개선하여 다음 채용 프로세스에 반영함으로써 지원자 경험을 끊임없이 변화시켜 나가는 것이 중요하다.

완벽한 순간이 반드시 기억에 남는 것은 아니다

좋은 호텔을 고르는 기준은 사람마다 다르지만 대부분 깨끗하고 조용한 실내 공간과 침구류가 가장 기본적인 조건이다. 나는 소음에 민감해서 출장지에서 호텔에 체크인을 하면 가장 먼저 객실 안의 에어컨이나 온풍기의 전원을 끄고 냉장고의 전원을 뽑아 조용한 상태를 만들어야 온전한 휴식을 취할 수 있다.

최근 시카고에서 채용 컨퍼런스 운영을 위해 찾은 호텔 객실의 천장에서 드르륵 하는 소음이 들렸고, 프론트에 문의를 하자 외부의 공사 현장에서 들려오는 소리로 추정된다는 답변이 있었다. 다행히 소음은 금세 멈추었고, 시차 적응의 어려움에도 불구하고 숙면을 취할 수 있었다.

다음날 일정을 마치고 객실에 들어왔을 때 문 앞에 카드 한 장이 놓여 있었다. 카드에는 직접 펜으로 쓴 소음에 대한 사과와 함께 추가로 '불편한 사항은 언제든지 연락을 달라.'는 메모가 있었다. 짧지만 진심이 느껴지는 글이었다. 단순히 문제의 인정과 사과를 넘어 '나의 경험에 대한 존중과 배려'가 느껴지는 순간이었다. 전날의 당황과 불편함은 기억에서 사라지고 오히려 이 메모가 강하게 기억에 남았다. 심지어 전화가 아닌 메모로 전달한 것이 '소음'에 대한 이슈였기에 이를 배려한 것이 아닐까 하는 마음이 들 정도였다.

재미있는 것은 조용하고 쾌적했던, 그야말로 시설과 서비스가 완벽했던 호텔들에서의 기억은 희미해지고 불완전했지만 진심이 느껴졌던 이 호텔에서의 경험이 더 강한 기억으로 남게 되었다는 사실이다. 불편을 감동으로 전환시킨 손글씨의 메모 한 장이 수많은 호텔에서의 값비싼

시카고 하얏트 호텔의 카드 메시지

서비스보다 더 강렬한 기억으로 남았다.

   강렬한 기억으로 남는 긍정적인 경험은 무조건 편하고 비싸고 고급스러운 표면적인 완벽함이 아니다. 그 이면의 목적과 태도에 따라 경험의 질이 달라진다. 결국 경험의 여정에서 기억에 남는 결정적인 순간(Moment of Impact)은 그것을 설계하고 실행하는 조직과 사람의 목적과 태도에서 시작한다. 목적과 태도에 따라 때로는 완벽하게 매끄러운 여정보다 불완전하고 불편한 순간이 오히려 긍정적인 경험의 기억을 심어줄 수 있는 차별화된 기회가 되기도 한다.

CHAPTER 6

모집 단계의 지원자 경험 사례

"이 회사가 나와 맞는 걸까?"

처음 기업을 마주하는 순간 지원자의 감정은 기대와 불안이 뒤섞인다. 정보는 턱없이 부족하고 모든 것이 불확실하다. 사람인에서 2023년 조사한 결과에 따르면, 구직자의 54%는 입사 지원을 포기한 사유로 '회사/직무에 대한 정보 부족'을 선택했다. 링크드인의 2022년 Talent Trends 자료에서는 구직자의 78%가 입사 전 회사의 조직 문화/직무 환경에 대한 정보가 충분하지 않게 느낀다고 했다.

많은 기업은 모집 단계에서 최대한 많은 정보를 지원자에게 전달하기 위해 노력한다. 직접 인재들을 찾아가 설명회를 열거나 기업으로 초청하여 실제 일하는 환경을 보여 주기도 한다. 각종 인턴십을 통해 함께 일하면서 정보를 제공하고, 이공계 인재를 위한 기술 컨퍼런스를 열어 특정 분야의 연구 현황과 미래를 소개한다. 지원자가 지원을 망설이지 않도록 채용 공고문에도 최대한 많은 정보를 넣어 유혹한다.

하지만 지원자가 원하는 정보와 기업이 가지고 있는 매력적인 정보가 항상 동일하지는 않다. 결국 지원자가 원하는 정보와 기업이 가진 매력적인 정보의 교집합을 찾아 이를 효과적으로 전달하는 것이 중요하다. 지원자가 원하지만 기업이 가지지 못한 정보는 겉은 화려하지만 내용이 공허하고, 기업이 가지고 있지만 지원자가 원하지 않는 정보는 지원자의 마음을 움직이지 못한다. 결국 지원자가 궁금해하는 '이 회사가 나와 맞는 것인지'에 대한 정보를 전달해 주어야 한다.

STEP 22
첫 만남에서 인상을 남기는 방법

첫인상은 매우 중요하다. 지원자를 처음 만나게 되는 채용 담당자를 그 기업의 얼굴이라고 말하는 이유는 명확하다. 그 기업이 가지고 있는 강점을 지원자 관점에서 간결하지만 확실하게 전달해야 하는 미션을 가지고 있기 때문이다. 이 첫 만남에서 기업은 자신의 색깔을 최대한 강렬하게 드러내기 위해 짧은 채용 슬로건을 만들어 내걸기도 하고, 다른 기업들과 차별화된 채용 설명회를 열기도 한다.

이 과정에서 중요한 것은 그럴싸한 사례들을 따라 하는 것이 아니라 그 기업의 브랜드가 고스란히 담긴 프로그램을 만들어 운영하는 것이다. 이질적인 것은 잠시 눈에 띌 수 있으나 지속적이기 어렵고, 그 기업의 브랜드와 연결되지 않은 채 사라지기 마련이다.

인재를 부르는 슬로건 : Innovators Invite Innovators

과거의 기업들은 높은 연봉과 고용 안정성, 기업의 명성 3가지를 강조하며 인재를 유치했다. 물론 이 3가지 요소는 지금도 지원자들이 기업을 선택할 때 필수적으로 고려하는 요소이다. 하지만 지원자들의 직업 가치관이 변화하고, 인재 확보 경쟁이 심화되면서 많은 기업이 기업의 정체성을 명확하게 구축하고 지원자들에게 전달하기 시작했다. 지원자들이 고려하는 요소가 워라밸, 성장, 네트워크 등 다양하게 많아지면서 기업은 그 메시지를 분명하게 정하고 소통하는 것이 필요해졌기 때문이다. 이는 고객에게 기업의 제품과 서비스를 어필하기 위해 브랜드를 수립하고 운영하는 것과도 비슷하다.

지원자에게 기업 이미지는 '채용 브랜드'로 설명된다. 기업은 채용 브랜드를 슬로건으로 만들고 모든 경험 여정에서 이를 느끼고 기억할 수 있도록 강조한다. 좋은 채용 슬로건은 그 기업의 인재상과 채용 절차, 그리고 EVP(Employee Value Proposition)와 하나의 큰 줄기로 이어져야 한다. 채용 슬로건은 결국 지원자 경험 여정 설계도의 밑그림과 같이 이후 이어지는 경험 여정의 흐름을 좌우한다.

구글은 'Building Together for Everyone'이라는 슬로건으로 구글의 핵심인 '사용자 중심'의 가치를 잘 보여 준다. 단순히 제품을 만드는 것을 넘어 전 세계 모든 사람에게 도움이 되는 기술과 서비스를 함께 만들어 가는 여정임을 강조하며, 다양성을 포용하는 문화와 협업을 중요하게 생각하는 인재에게 매력적으로 다가간다.

애플은 기업의 핵심 가치 슬로건인 'Think Different'를 채용 슬로건으로 연결하여 사용한다. 기존의 관습에 얽매이지 않고 새로운 아이디어를 통해 세상을 변화시키는 혁신적인 인재를 찾고 있다는 메시지를 전달하며, 창의성과 도전을 중시하는 기업 문화를 단적으로 보여 주는 슬로건이다.

LG이노텍의 채용 슬로건은 수년째 'Innovators Invite Innovators'이다. 혁신적인 전문가들이 혁신적인 전문가로 함께 성장할 당신을 초대한다는 의미를 담고 있다. LG이노텍의 사명을 구성하는 2개의 단어(Innovation, Technology) 중 'Innovation'을 담고 있으며, 내부에 혁신적인 기술과 전문가들을 보유하고 있으므로 입사하게 된다면 함께 전문가로 성장할 수 있다는 메시지를 전달하고 있다. 'Invite'는 라임을 통해 'Innovation'을 강조하는 동시에 채용 절차의 정체성을 '초대'로 정의하여 지원자가 존중감을 경험할 수 있을 것이라는 기대를 암시한다.

슬로건은 홈페이지에 넣고 각종 현수막과 포스터에 인쇄하는 것만으로 완성되지 않는다. 모집과 선발, 입사까지 이어지는 모든 여정 안에서 그 슬로건의 가치를 경험하고 기억할 수 있어야만 비로소 생명력을 얻는다. 이렇게 살아 있는 슬로건은 가장 강력하고 차별적인 채용 경쟁력이 될 수 있다.

메타버스 채용 설명회의 목적은 경험이다

2021년 코로나19 팬데믹은 모든 생활방식을 송두리째 바꾸었으며, 수년이 지난 지금도 그때의 변화된 생활방식 중 일부가 익숙한 표준이 되어 자리를 잡고 있다. 채용 활동도 예외가 아니어서 비대면 채용의 필요성이 대두되면서 온라인 화상을 이용한 모집과 선발이 활발하게 운영되었다. 당시로서는 매우 획기적인 채용 활동이 시도되었는데, 바로 '메타버스 채용 설명회'이다.

게더타운, ZEP와 같은 메타버스 플랫폼에서 참석자가 아바타를 통해 회사를 둘러보고, 채용 담당자 및 선배사원과 쌍방향으로 실시간 소통하며 여러 정보를 나누는 방식의 채용 설명회가 등장했다. 2021년 4월 세상에서 처음으로 이러한 방식의 채용 설명회가 게더타운 플랫폼에서 열렸는데, 그 기업은 LG이노텍이었다. LG이노텍의 사례는 당시 메타버스 채용 활동의 가능성과 효과를 보여 주었고, 2021년 하반기 신입 채용부터 많은 기업과 대학의 채용 설명회에 메타버스를 도입하는 계기가 되었다.

2020년부터 모든 채용 활동이 비대면으로 바뀌면서 많은 기업은 여러 온라인 영상 콘텐츠를 통해 지원자들과 소통하기 시작했다. 쌍방향 소통을 위해 줌(Zoom)이나 웹엑스(Webex) 같은 화상 미팅 플랫폼을 통해 지원자들을 만날 수 있었지만, 실제 대학 캠퍼스나 회사에서 직접 그들을 만나 소통하던 것과는 차이가 있었다.

온라인 게임 회사인 블리자드의 대표작인 '월드 오브 워크래프트'는 2004년 처음 출시된 MMORPG 장르의 게임이다. 아제로스라는 가상의 행성에서 벌어지는 다양한 전투를 소재로 유저들은 캐릭터를 만들고 이를 조종하면서 넓은 공간을 누비고 다니며 서로 다른 캐릭터들과 소통하고 관계를 형성한다. 많은 유저가 게임의 가상공간에서 함께 해돋이를 보러 가거나 결혼식을 열기도 하는 등 실제 생활과 크게 다르지 않은 활동들을 보여 주었다.

유저 중 한 사람이었던 나는 '블리자드에서 IT 개발자를 채용하는 설명회를 연다면 이 가상의 게임 공간에서 할 수 있지 않을까?'라는 생각을 했다. 커다란 성에서, 넓은 해안가에서, 그리고 오래된 마을에서 채용 담당자와 지원자들이 만나 게임을 하듯이 함께 소통하며 정보를 나누고 블리자드를 함께 체험하는 것이다.

그 생각은 2021년 LG이노텍에서 현실이 되었다. '게더타운' 메타버스 플랫폼 위에 LG사이언스파크 이미지를 올리고, 마곡나루역에서 회사까지 오는 길도 함께 그려 넣었다. 정해진 시간에 접속한 지원자는 자유

LG이노텍의 메타버스 채용 설명회

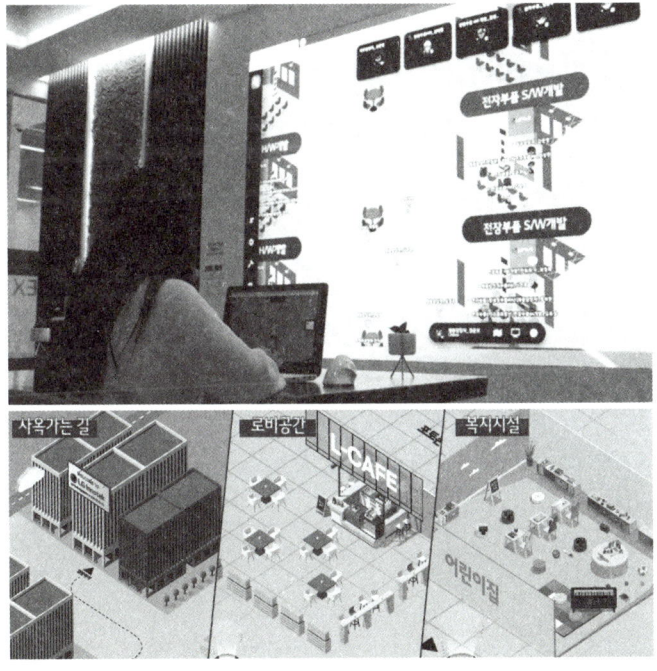

롭게 공간을 누비고 다니며 채용 설명회에 참석하거나 직무별 부스에서 개별 상담을 채팅이나 음성 대화로 자유롭게 나눌 수 있었다. 함께 참석한 선배사원을 마주친 지원자들은 적극적으로 대화를 걸어 정보를 나누었다. 채용 솔루션 업체 'NHR'와 함께 만들어 냈던 최초의 쌍방향 소통 방식의 채용 설명회는 이후 수년간 많은 기업과 대학의 메타버스 채용 설명회의 표준이 되었다.

2021년 메타버스 채용 설명회 기획안에 대해 모두가 환영한 것은 아니었다. 새로운 시도를 반기는 동시에 '지금의 온라인 화상 설명회와 무엇이 다른가?'에 대한 의구심이 있었다. 그때 우리는 이 메타버스 설명회가 참가자들에게 어떤 가치를 줄 수 있는가를 설명할 수 있어야 했다. 그 가치는 바로 '경험'이었다.

당시 유행했던 메타버스 플랫폼 중에는 '제페토'가 있었다. 주로 10대 중고생들이 서로 어울려 네트워크를 만들던 플랫폼인데, 여기에서 명품 브랜드 구찌(GUCCI)가 가상의 아이템으로 가방과 의류를 판매하면서 화제가 되었다. 가상의 아이템은 아바타들이 착용할 수 있는 제품들이었으며, 가격은 1,000~3,000원으로 10대들이 쉽게 구입할 수 있는 금액이었다.

구찌는 왜 이런 사업을 시작했을까? 몇천 원 정도의 아이템으로 사업 수익을 올리기 위한 것이었을까? 구찌의 전략은 미래의 고객이 될 수 있는 10대 청소년에게 명품을 구입하는 '경험'을 주는 것이었다. 명품 브랜드에 대한 심리적 장벽을 완화하고, 온라인에서 제품을 구입하고 사용하는 경험을 제공함으로써 향후 그들이 성인으로 성장한 뒤 직접 그 제품을 구입하게 만들기 위한 장기적인 전략인 셈이다.

2021년 메타버스 채용 설명회도 그러했다. LG이노텍의 근무 공간과 선배사원들, 조직 문화를 간접적으로 경험함으로써 그들은 'LG이노텍에서 실제 일해 본다면'이란 생각을 하게 되고, 그것은 곧 의지로 이어지게 되었다. LG이노텍이라는 혁신적인 제품과 기술을 보유한 회사가 채용 활동에서도 '혁신적인' 시도를 하는 선도적인 기업이라는 이미지를 함께 심어 줄 수 있었다.

당시의 메타버스 채용 설명회는 단순한 비대면 채용 방식을 넘어 '경험'의 가치를 채용 활동의 중심으로 가져온 혁신적인 시도였다. 이는 구찌가 제페토에서 가상 아이템을 판매하며 미래 고객에게 브랜드를 경험하게 했던 것처럼 지원자들에게 LG이노텍이라는 회사를 간접적으로 체험하게 하여 '일하고 싶은 혁신적인 회사'라는 강력한 인상을 남길 수 있

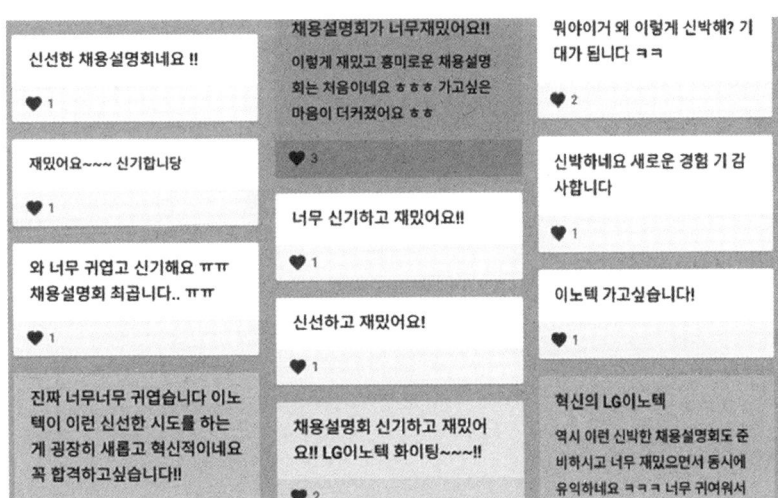

LG이노텍의 메타버스 채용 설명회 방명록 후기

었다. 코로나19 팬데믹이 촉발한 환경 변화 속에서 LG이노텍은 혁신적이고 선도적인 기업 이미지를 구축하는 동시에, 지원자들의 진정한 몰입을 이끌어 내는 '경험' 중심의 새로운 채용 활동의 표준을 제시하며 차별화된 채용 경쟁력을 갖출 수 있었다.

STEP 23

지원자가 중심이 되는 채용

채용 활동은 기본적으로 채용하려는 직무로부터 시작한다. 직무는 점점 세분화되고 조건은 점점 구체화되어 어느 지역의 어느 팀에서 어느 직무를 채용할지가 명확해지고, 그 내용이 공고에 올라가는 것이 일반적이다. 지원자는 자신을 그 직무에 맞춰 본다. 마치 규격화되어 만들어진 옷을 골라서 피팅룸에서 입어 보고 거울을 바라보며 맞춰 보는 것과 비슷하다. 그 옷이 맞지 않으면 다른 옷으로 시선을 돌리는 방식이다.

채용 공고는 모든 직무와 지원자에게 열려 있지 않다. 매장에서 모든 사이즈의 옷을 구비하고 있지 않는 것과 같다. 그렇다면 특정한 신체 사이즈인 사람이 옷을 구입하기란 여간 어려운 일이 아니다. 하지만 방법은 있다. 자신과 같은 특정한 신체 사이즈에 맞는 옷을 준비한 매장으로 가는 것이다. 채용도 마찬가지다. 직무가 아닌 지원자의 특성에 맞춰 공고를 하는 것이다. 지원자가 가지고 있는 남들과 다른 특성을 고려하여 그들만을 위한 공고를 만들어 모집하면 지원자들이 스스로 걸어오게 된다.

지원자의 특성에 맞춰 인턴십의 경험을 더하다

빠르게 발전하는 기술 분야에서 특정 직무에 대한 깊이 있는 전문 지식과 경험은 필수이고, 즉시 현업에 투입되어 성과를 낼 수 있는 전문가를 채용하는 것이 기업의 경쟁력을 좌우한다. 조직의 효율성을 올리기 위해 직무별로 필요한 인원을 맞춰 구성하고 명확하게 업무 분장을 하여 운영하는 것이 중요하다. 이러한 상황에서 직무 중심 채용은 여전히 매우 중요한 기준이 된다.

하지만 여전히 빠른 환경 변화에서 특정 기술보다는 새로운 것을 빠르게 배우고 적응하는 역량 또한 중요해지고 있다. 점점 기업이 맞닥뜨리는 문제는 한 가지 직무 역량만으로는 해결하기 어렵고, 다양한 분야의 지식을 연결하고 창의적으로 문제를 해결하는 능력이 요구되면서 개인의 고유한 특성이 더욱 가치를 가지게 되었다. 지원자의 강점과 특성을 고려하여 채용하고 적합한 직무를 부여하는 것이 구성원 만족도를 제고하고 지속적인 몰입과 성장을 유도할 수 있다.

결론적으로 기업의 직무 중심 채용과 지원자의 특성 중심 채용은 대립되는 개념이 아니다. 많은 기업에서 두 방식을 조화롭게 활용하고 있다. 즉시 성과를 내야 하는 전문 직무에서는 직무 역량을 중요하게 보고, 장기적인 성장과 변화에 대응해야 하는 직무에서는 지원자의 특성과 잠재력을 더 중요하게 보는 식이다. 이제는 이 2가지 가치를 모두 고려하는 유연한 접근법이 필요하다. 특히 지원자의 특성이 명확하게 구분될수록 그들을 위한 채용 방식이 차별화된 경쟁력이 될 수 있다.

글로벌 외국인 유학생 인턴십

최근 많은 기업은 글로벌 사업을 확대하면서 해외 고객들과의 파트너십을 강화하고, 해외법인의 경쟁력을 끌어올리기 위해 많은 활동을 추진하고 있다. 이에 따라 글로벌 역량을 갖춘 인재 채용 경쟁이 심화되고 있다. 국내 인구 구조의 변화를 보면, 2027년 이후 국내 노동인구의 감소가 시작되는 반면, 외국인 유학생 수는 지속적으로 증가하여 2012년 기준 8만 6,000명에서 2027년에는 30만 명까지 이를 것으로 전망된다. 이러한 상황에서 국내의 우수한 외국인 유학생을 확보하기 위한 활동이 점차 여러 기업을 통해 시도되고 있다.

LG이노텍은 2023년부터 국내의 외국인 유학생을 위한 채용 연계형 인턴십을 실시했다. 주요 대학의 경력개발센터와 국제처, 국가별 유학생 커뮤니티 등을 통해 새로운 모집 채널을 구축하여 우수한 외국인 유학생을 끌어모았다. 외국인 유학생 채용 자체가 많지 않던 상황이라 몇 국가의 대사관에서는 먼저 기업으로 연락을 하여 본인들의 네트워크를 통해 기꺼이 홍보를 해 주기도 했다. 오로지 외국인 유학생 대상으로만 진행되는 인턴십이다 보니 그들만을 대상으로 한 선발전형과 입문 교육이 필요했다.

인턴십 기간 중에는 일반적인 직무 멘토뿐만 아니라 한국 기업에서 생활을 도울 수 있는 외국인 또는 해외 유학생 출신의 선배사원을 멘토로 지정했다. 채용 담당자는 출입국관리센터와도 수시로 소통하며 VISA 발급을 지원하는 등 밀착 지원을 통해 외국인 유학생의 한국 기업

체험 여정을 함께 동행해 주어야 했다.

매년 실시하는 외국인 유학생 인턴십은 채용으로도 이어져 다양한 국적의 외국인 신입사원들이 기존의 국내 구성원들과 같은 사무 공간과 연구 공간에서 함께 협력하고 소통하는 모습을 어렵지 않게 볼 수 있게 되었다.

"한국에서 나를 필요로 하는 자리와 사람들이 있어서 기뻤어요."

외국인 유학생만을 대상으로 한 인턴십이다 보니 외국인 유학생 사이에서 빠르게 소문이 퍼졌다. 한국에서 경력을 만들어 가길 원하는 외국인 유학생들에게는 매우 좋은 기회이기도 했다.

그들은 한국 기업의 일과 문화를 경험하는 여정을 통해 다양한 팀원들과 협력하며 성과를 내고 성장하는 목표와 의지를 키울 수 있었다. K 드라마에서 보던 한국 기업은 엄격하고 개인적인 문화에 호통과 질책 일색이었다는 한 외국인 유학생은 수평적이면서도 협력적인 팀워크 문화를 직접 경험하면서 한국 기업에 대한 선입견을 버리게 되었다는 소감을 전달하기도 했다. 외국인 유학생의 경험은 그대로 유학생 커뮤니티에 전달되면서 다양한 국가의 유학생들로부터 취업 문의를 받기도 했다.

"외국인 신입사원이 더 끈기 있고 친화력이 높을 줄 몰랐어요."

외국인 유학생을 채용하면서 얻게 된 중요한 경험적 가치는 기존의 국내 구성원들에게도 있었다. 외국인 후배들을 맞아 함께 소통하고 협력하며 팀의 과제를 완수해 가는 과정에서 그동안 가지고 있던 외국인 동료에 대한 막연한 선입견과 부담을 덜어 낼 수 있었다. 그들의 다양한 국가적, 민족적 특성을 배려하고 우리나라의 문화를 나누는 경험을 통해 또 다른 일하는 방식을 터득할 수 있었다.

2024년 글로벌 인턴십 수료식

　인구 구조의 변화와 기업의 글로벌화에 따라 외국인과 나란히 앉아 연구를 하고, 회의에서 여러 의견을 모으며, 함께 출장을 떠나는 모습은 이제 모든 국내 기업의 필연적인 미래가 될 것이다. 미래에도 여전히 또는 그 이상으로 조직의 역량을 발휘하기 위해서는 다양성을 인정하고 협력할 수 있는 조직 문화가 필수이다. 그러한 조직 문화는 결국 경험을 통해서만 만들어 갈 수 있다.

지방 거점대학교 학부생 인턴십

　소위 말하는 탑 티어(Top Tier) 우수 대학교 출신과 조직 고성과자의 상관관계에 대해서는 여러 상이한 연구 결과가 있으나, 그와 무관하게 국내 기업들은 여전히 탑 티어 우수 대학교 출신 지원자를 선호한다. 하지만 앞으로 학령인구가 줄어들면서 점차 채용 목표가 되는 우수 대학교의 기준은 더 엄격해지고, 그 대상 인원의 수는 줄어들 것이 자명하다.

실제로 업무에서 성과를 내는 '일의 맥락을 이해하고, 다양한 문제 상황을 어떻게든 해결해 내는' 역량은 일반적인 학습 인지 역량 외에도 많은 역량을 필요로 한다. 점차 줄어들 수밖에 없는, 그리고 그 성과도 명확하지 않은 몇 개 대학의 인재만 국한하여 채용 활동을 좁히는 것은 기업 스스로 우수 인재 채용의 기회를 걷어차는 것과 같다.

그럼에도 불구하고 극소수의 탑 티어 우수 대학교 출신이 아닌 취업준비생들에게 취업의 문은 점점 좁아지고 있다. 특히 수도권이 아닌 지방의 대학교는 그 현상이 더욱 심해지고 있다. 많은 기업이 채용 규모를 축소하면서 지방 거점대학교 인재들의 역량을 외면하는 셈이다. 분명한 것은 극소수의 탑 티어 우수 대학교 출신이라도 역량이 떨어지는 인재가 있을 수 있고, 지방 거점대학교 출신이라도 역량이 뛰어난 인재가 있을 수 있다는 것이다. 매일 집 앞의 부둣가에 앉아 낚시를 하는 어부와 넓은 바다에 배를 띄우고 낚시를 하는 어부 중 누가 더 큰 물고기를 낚을 수 있는지를 생각해야 한다.

LG이노텍은 2022년부터 지방 거점대학교 학부생들만 참가할 수 있는 인턴십을 열었다. 인턴십을 통해 우수한 성과를 검증받은 인재는 향후 별도의 채용 전형을 통해 정규 입사할 수 있는 과정으로 운영했다. 이 전형의 차별점은 그들이 기존의 이력서에서 보여 줄 수 없었던 숨겨진 역량을 직접 업무와 조직에서의 '경험'을 통해 증명할 수 있는 기회를 주었다는 것이다. 그 기회를 통해 성과를 만들고 인정을 받은 '경험'은 그들에게 지속적인 '기억'이 되었고, 지금도 많은 인재가 꾸준히 역량을 발휘하는 원천이 되고 있다.

이처럼 지원자의 특성에 맞춰 전형을 준비하고 운영함으로써 지원자는 전형 여정에서 맞춤형의 '효율성'과 각자의 특수한 상황을 배려하고 지원하는 것에서 '존중감'을 느낄 수 있다. 채용 과정에서 기회가 제한적이었던 그들에게 별도의 기회가 주어진 것은 차별이 아닌 '공정성'으로 인정해야 한다. 기업은 더 넓은 바다에 배를 띄우고 조업을 하는 어부처럼 더 많은 인재를 통해 더 많은 가능성과 기회를 얻을 수 있다.

기술 컨퍼런스 : 기술로 모여 채용으로 연결된다

최근 많은 기업이 정형화된 채용 설명회 대신 자체적으로 만든 기술 컨퍼런스를 통해 인재들에게 다가가고 있다. 과거의 채용 행사가 '우리 회사에 지원하세요.'라는 메시지를 직접적으로 전달하는 자리였다면, 이제는 "우리는 이런 기술을 연구하고 있고, 이런 미래를 함께 만들어 갈 것입니다."라고 말하며 자연스럽게 인재들의 관심을 이끌어 낸다. 이는 단순한 채용 활동을 넘어 기업의 기술력과 비전을 '경험'하게 하는 새로운 패러다임이다.

인재들은 더 이상 기업이 말로만 외치는 혁신을 믿지 않는다. 그에 비해 기술 컨퍼런스는 기업이 어떤 기술에 투자하고 있는지, 어떤 문제를 해결하고 있는지 구체적으로 보여 주는 가장 확실한 증거가 된다. 직접 구직 활동을 하고 있는 잠재적 지원자들을 자연스럽게 모을 수 있는 플랫폼이기도 하다. 또한 실제 기업의 일하는 방식, 도전 정신, 동료 간 협업 문화 등을 간접적으로 보여 줄 수 있다. 방법은 은근하고 간접적이지만 직접적인 채용 공고나 홍보 영상으로는 전달하기 어려운 기업의 실제 분위기를 명확하게 느끼게 해 줄 수 있다.

기업의 입장에서는 컨퍼런스에 참여하는 인재들이 해당 분야에 대한 높은 관심과 전문성을 갖춘 경우가 많다 보니 채용의 효율성을 극대화할 수 있다. 기술 커뮤니티에 적극적으로 기여하고 지식을 공유하는 기업은 단순히 인재를 '소비'하는 것이 아니라 산업 생태계를 함께 만들어 가는 신뢰할 수 있는 파트너로 브랜드를 만들 수 있다. 기술 발표 내용은 지원자에게 스스로 회사와 맞는지 판단할 기회를 주고, 자체적으로 인재를 가려내는 방법이 될 수도 있다.

구글의 기술 컨퍼런스인 'I/O'는 Input과 Output을 의미하며 안드로이드, AI 등 구글의 최신 기술을 공개하는 자리이다. 전 세계 개발자들이 열광하는 이 행사는 구글의 기술력을 보여 주는 동시에 최고의 인재를 유치하는 거대한 채용의 장이기도 하다.

카카오는 'if kakao'라는 기술 컨퍼런스를 개최한다. 카카오톡, 카카오T 등 자사의 다양한 서비스에 적용된 기술을 개발자들이 직접 발표하며 카카오가 추구하는 기술 가치를 공유하는데, 이는 개발자들 사이에서 '카카오가 일하기 좋은 회사'라는 인식을 강화하는 데 큰 역할을 한다.

LG이노텍은 광학 부품 시장을 선도하는 기업으로 국내의 광학 분야 대학원 박사과정 학생들을 대상으로 '옵텍콘'이라는 광학 기술 컨퍼런스를 열었다. 민간 기업이 주도하는 국내 유일한 광학 기술 컨퍼런스라는 기치를 내걸고 광학 개발자뿐만 아니라 광학 분야 교수가 참여하여 기조 강연을 하는 등 오로지 광학 기술 주제로만 컨퍼런스를 운영한다. 물론 그 안에서 채용 담당자들은 바쁘게 참가자들과 네트워크를 만들며, 미래의 구성원으로 그들을 확보하기 위한 장을 열어 간다.

이처럼 채용 직무는 뒤로 가려진 채 전면에 그들이 연구하는 관심사를 내걸고 있지만, 이는 인재의 확보가 목적이다. 다만, 그 방식이 직무 중심이 아니라 인재의 관심사 중심이며, 그 경험을 통해 그들의 관심사와 기업의 직무를 연결하는 기억을 심어 주는 여정이 설계되는 것에 주목해야 한다. 여전히 그들의 경험 중심에는 채용 직무가 아닌 '연구 관심'이 있더라도 기술 컨퍼런스의 여정을 통해 참가자들은 자연스럽게 지원자가 되고 구성원이 될 수 있다.

STEP 24

좋은 기업은
채용 공고문부터 다르다

'사무보조 구함, 서울 근무, 월 350만 원'

지하철에서 붙은 한 전단지의 문구는 간단명료했다. 어떻게 보면 가장 효율적인 채용 공고문일 수 있다. 하지만 저런 채용 공고문으로 차별화된 역량을 가지고 선도적인 성과를 만들어 낼 인재를 모을 수는 없을 것이다. 그래서 많은 기업에서 세부적인 내용을 채워 채용 공고문을 만들고 있다. 하지만 대부분의 채용 공고를 뜯어 보면 위의 공고문과 다를 바가 없다. 오히려 더 복잡할 뿐 차라리 위의 공고문이 더 간단해서 보기 좋은 경우도 있다.

과거의 채용 공고문은 직무를 중심으로 한 최소한의 정보만을 담았다. 지원자에게 필요한 정보보다는 기업이 원하는 조건을 나열하는 형태였다. 주로 직무명, 담당 업무, 필수 자격 요건(학력, 전공, 경력), 마감일 등 표면적인 내용이 전부였다. 게다가 채용이라는 공식 절차의 격식을 차린다는 의미로 '다음 인재를 모집함', '자격 요건에 해당하는 자' 등 딱딱하고 관료적인 어투가 많았다. 지원자는 회사의 요구 사항에 맞춰 자신을 증명해야 하는 입장이었다. 기업은 정보를 일방적으로 제공하고 지원자는 수동적으로 받아들이는 방식이었고, 지원자가 기업을 탐색하고 고민할 여지는 적었다.

채용 공고문은 지원자가 기업을 마주하는 매우 중요한 순간(Moment That Matter)이다. 점차 기업들은 이 절호의 기회를 통해 효과적으로 인재를 유인하기 시작했다. 바로 지원자들이 알고자 하는 정보를 자세하고 솔직하게 담아내는 것이었다. 이는 LG이노텍의 'Invitation 채용 공고문'에서 볼 수 있다.

Invitation 채용 공고문

공고 요약

먼저 채용 조직과 직무와 필요 역량, 근무지와 같은 필수 정보를 요약해서 공지한다. 직무와 관련된 내부 영상이 있다면 함께 포함하여 제공할 수 있다. 여러 채용 공고문을 빠르게 확인해야 하는 지원자는 이 내용만으로 지원 여부를 결정할 수 있다. 관심이 있는 대부분의 지원자는 세부적인 다음 항목들을 보기 시작한다.

채용 배경 및 개요

왜 이 직무를 채용하는지에 대해 설명한다. 지원자는 직무와 관련된 사업의 현황과 방향이 어떠하고, 이 채용 직무가 어떤 목적에서 필요한

지, 지금의 상황은 어떠한지를 알 수 있다.

직무 소개

구체적으로 해야 하는 일과 목표, 주요 성과를 통해 지원자는 본인의 업무가 어떻게 배정되고 평가받을지 알 수 있다. 그 직무가 가지는 가치와 매력을 함께 어필하여 지원자의 마음을 움직인다.

지원 자격

지원하기 위해 필요한 구체적인 역량과 경험을 알 수 있다. 어떠한 내용을 전형 과정에 어필해야 할지 계획을 세울 수 있다.

채용 조직

입사하게 될 팀의 미션과 인원 구성은 어떠한지, 팀의 일하는 방식과 분위기를 함께 알아 볼 수 있다.

근무 환경

구체적인 근무지와 기숙사 제공, 출장 횟수와 출장지 등 직무에 따른 물리적인 근무 환경을 알 수 있다.

성장 경로

제안 채용 직무 분야에서 성장하거나, 향후 타 업무 분야로 경험을 확장하여 리더로 성장할 수 있는 경로 제안을 통해 본인의 경력을 설계해 볼 수 있다.

지원서 작성 TIP

지원서를 작성할 때 어떠한 내용을 관심 있게 볼 것인지, 강조할 사항은 무엇인지에 대해 참고하여 지원서를 효과적으로 작성할 수 있다. 예를 들어, 어떠한 업종이나 직무와 관련된 인턴십 경험이나 과제 경험이 있다면 반드시 기술하라거나 특정 해외 국가와 관련된 네트워크나 경험이 있다면 어필해 달라는 등의 내용을 공고에 포함하는 것이다.

채용 공고문은 이처럼 단순한 정보 전달을 넘어 지원자에게 보내는 진심 어린 초대장(Invitation)이 된다. 기업은 상세하고 친절한 공고문을 통해 잠재적 인재에게 기업의 비전과 가치를 설득력 있게 전달하고, 지원자는 이를 통해 자신의 커리어와 기업의 방향이 일치하는지 명확하게 판단할 수 있다. 채용 공고문은 기업과 인재가 서로를 탐색하고 신뢰를 구축하는 '첫 번째 대화'이며, 이 대화를 통해 지원자는 효율적으로 본인의 경력을 기업에 비추어 보는 경험을 할 수 있다.

CHAPTER 7

선발 단계의 지원자 경험 사례

기업과 지원자가 만나는 채용 전형의 공간은 아무리 부드럽고 편하게 만든다 해도 본질적으로 치열한 승부의 링과 같다. 기업은 수많은 지원자 중에서 원하는 인재를 가려내기 위해 수많은 관문을 설계하고 치밀하게 관찰한다. 지원자는 그 기준과 방법에 맞춰 취업 전략을 설계하고 많은 연습과 준비를 통해 최선의 지원서와 인적성검사, 면접을 치러 낸다.

기업은 더 날카로운 창을 내밀고, 지원자는 더 튼튼한 방패를 들어 전장으로 나선다. 방패가 더 두꺼워질수록 창은 더 날카로워지고, 창이 날카로워질수록 방패는 무게를 더한다. 채용 전형과 취업 전략은 고도화되면서 급기야 AI를 동원하기에 이르렀다. AI로 만든 공고에 AI로 지원서를 작성하고, AI로 서류전형과 면접을 진행하며, AI로 전형을 연습한다.

점점 복잡해지는 채용 전형의 양 끝에서 기업과 지원자 모두 피로도가 높아지는 상황에서, 기업은 막대한 시간과 비용을 들이고도 원하는 인재를 얻지 못할 수 있다는 불안을 느끼고, 지원자는 끝없는 준비와 경쟁 속에서도 결과를 장담할 수 없는 불확실성을 견뎌야 한다. 전형이 늘어나고 도구가 정교해질수록 채용과 취업의 본질은 점점 멀어질 수 있다.

기업에게 채용은 지원자의 높은 동기를 조직에 이식하여 성과를 만들어 가는 과정의 시작이며, 지원자에게 취업은 세상 속에서 본인의 커리어를 성장시켜 나가는 여정의 시작이다. 이 시점에서 서로의 목적을 확인하고 미래를 약속하는 과정이 바로 채용과 취업의 본질이다. 이제 다시 그 본질에서 선발 전형이 만들어지고 있다.

STEP 25

도전할 가치가 있는
전형 설계

"나를 제대로 보고 있는 걸까?"

선발 전형의 끝에는 언제나 합격과 불합격이 이어진다. 그러다 보니 지원자의 감정은 긴장감과 아쉬움이 매 순간 공존한다. 누군가 나를 평가한다는 상황에서의 긴장감과 제대로 자신을 보여 주지 못한 것에 대한 아쉬움이다.

공정하고 체계적인 채용 기준과 방식은 우수한 인재를 선발하는 방법이면서 지원자들의 불신을 없애고 긴장감과 아쉬움을 최소화할 수 있는 방법이다. 글래스도어의 2021년 조사에서 구직자의 60% 이상이 입사 의사에 면접 경험이 영향을 미친다고 했다. 결국 선발 전형 과정이 제대로 갖추어진 기업이라면 그 안에서 구성원으로서 내가 존중받으며 공정하게 성장할 수 있는 기회가 주어질 것이라는 믿음이 생긴다는 말이다.

이제 기업에게는 선발 프로그램을 설계할 때 기존의 우수 인재 선발의 적확도를 올리는 것과 함께 지원자에게 긍정적이고 가치 있는 경험을 줄 수 있어야 한다는 새로운 미션이 생겼다. 선발 도구는 과거에는 예측 타당도로 평가되었으나, 이제는 지원자 경험의 공정성·효율성·존중감 측면이 함께 평가되고 있다. 실제로도 많은 기업이 지원자 경험 관점에서 선발 전형을 설계, 운영하고 있다.

선발 전형은 단순히 '누가 더 우수한가?'를 가리는 평가의 절차를 넘어 조직이 사람을 어떻게 바라보는지를 드러내는 상징적인 무대이다. 그 무대 위에서 지원자는 '평가의 대상자'인 동시에 '미래의 동료'이며, 채용 전형 서비스를 경험하는 '고객'이 된다.

이 관점에서 현재의 선발 전형 프로그램들을 되짚어 보고, 이 전형이 지원자에게 그리고 기업에게 어떤 가치가 있는지 냉정하게 평가할 필요가 있다. 불필요한 전형이라면 과감하게 없애고, 기업과 지원자에게 가치 있는 전형을 시도할 필요가 있다.

랜덤 뽑기보다 못한 면접만 믿을 수는 없다

"내가 왕이 될 상인가?"

영화 「관상」에서는 사람의 생김새, 즉 '상(相)'을 통해 그 사람의 운명과 잠재력을 점치고, 앞으로 맡을 수 있는 역할까지 예상했다. 이는 어찌 보면 가장 빠르고 직관적으로 인재를 가려내는 방식이기도 했다. 실제로 국내 모 기업에서는 면접장에 관상가를 배석시켜 지원자들의 관상을 살펴봤다는 소문도 있었다. 하지만 관상은 과학적인 선발 기법이라고 말하기 어려울뿐더러 인간의 역량은 그리 쉽게 판단할 대상이 아니다.

그럼에도 불구하고 많은 기업은 채용 절차의 설계와 운영을 면접위원의 직감에 의존하는 경향이 크다. 라일 스펜서(Lyle Spencer)와 시그니 스펜서(Signe Spencer)의 저서 『업무 역량(Competency at Work)』에서는 다양한 인재 선발 기법의 예측 타당도, 즉 그 인재가 우수한 성과를 낼 수 있을 것이라는 예측대로 인재가 성과를 만들어 낼 확률을 비교한 바 있다.

다양한 선발 기법 중 예측 타당도가 가장 낮은 기법은 일반적인 면접 방식이다. 5%에서 19%까지 차이가 있는 것은 면접위원의 훈련과 구조화 정도라고 볼 수 있다. 19%까지 올라간다고 해도 평판조회·이력서·인성검사 등에 비해 확연하게 낮고, 특히 5%까지 낮다고 하면 이는 랜덤으로 인원을 선발하는 것이나 마찬가지가 된다. 실제로 면접은 비정형적이고 난해한 전형이기 때문에 이를 면접위원의 개인 기량에 맡기기에는

선발 기법의 예측 타당도 비교

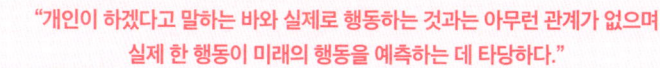

"개인이 하겠다고 말하는 바와 실제로 행동하는 것과는 아무런 관계가 없으며 실제 한 행동이 미래의 행동을 예측하는 데 타당하다."

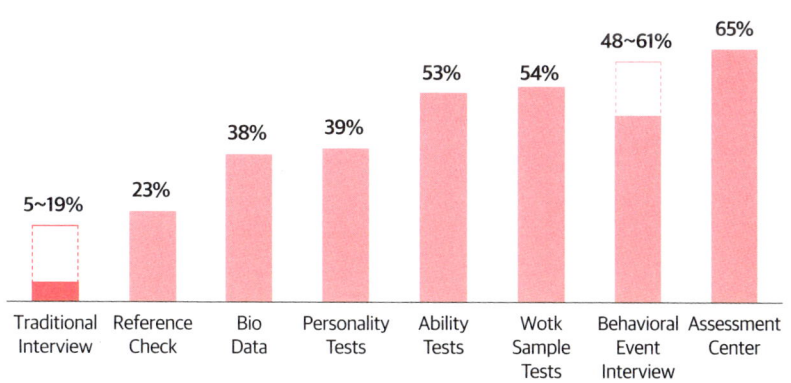

매우 위험하다. 따라서 많은 기업은 예측 타당도를 높이기 위해 하나의 전형 절차에 다양한 선발 기법을 사용하고 있다.

기업에게 인재 선발 기법의 예측 타당도는 지원자에게는 '공정성'과 같다. 성과를 낼 수 있는 인재를 제대로 가려내어 선발하는 것은 기업과 지원자 모두에게 똑같이 중요하다. 하지만 채용 전형이 많아지고 복잡해진다고 해서 예측 타당도나 공정성이 높아진다고 볼 수만은 없다. 오히려 잘못된 인재를 선발할 오류가 많아질 수 있으며, 기업에게도 지원자에게도 효율적이지 못한 전형이 될 수 있다.

따라서 효과적인 채용 절차 설계의 핵심은 전형의 '개수'가 아니라 '품질'에 있다. 각 전형은 명확한 평가 목적과 기준을 가져야 하며, 서로 다른 전형들이 중복되는 평가 요소 없이 유기적으로 연결되어야 한다. 목적 없이 의례적으로 실시하는 전형이 있다면 과감하게 제외하는 시도가 필요하다.

모든 전형은 지원자의 입장에서 공정하게 설계되고 운영되어야 한다. 동일한 평가 기준, 일관된 질문과 피드백, 차별 없는 환경이 보장되어야 하며, 불필요한 긴장과 불확실성을 유발하는 요소는 최소화해야 한다.

마지막으로 기업은 채용 데이터를 통해 각 전형의 예측 타당도와 효율성을 주기적으로 검증해야 한다. 지원자의 전형별 결과와 입사 후 성과 데이터를 연계 분석하여 어떤 전형이 실제 성과 예측에 기여하고 있는지, 어떤 전형이 불필요하거나 역효과를 내고 있는지 객관적으로 파악할 수 있다. 이를 기반으로 전형을 통합·간소화하거나, 새로운 기법을 도입하는 노력이 필요하다.

리얼 프로젝트 : 진짜 '경험'으로 승부한다

"진짜 밥 한 번 해 보죠?"

한때 전기밥솥을 중고 거래했던 후기가 커뮤니티를 떠들썩하게 만들었던 적이 있다. 지하철역에서 만난 판매자와 구매자는 중고 밥솥을 살펴보며 거래를 시작했다. 구매자가 조심스럽게 가방에서 쌀을 꺼내더니 실제로 밥을 해 보자고 말했다. 판매자는 어이없었지만 구매자와 함께 화장실로 가서 세면대에서 물을 받아 밥을 했고, 결국 밥이 된 것을 확인한 후에 거래를 완료했다는 후기였다.

억지스럽지만 제대로 된 전기밥솥을 살 수 있는 가장 확실한 방법이기는 하다. 판매자 역시 황당하긴 했지만, 결과적으로는 깔끔하게 거래가 되었으니 추가로 가격을 절충하거나 나중에 거래를 파기하는 등의 부작용은 없어 나름대로 만족스러운 거래가 되었을 것이다. 이 후기는 새로운 채용 전형을 고민하던 나에게 좋은 영감이 되었다.

LG이노텍은 R&D 직무의 우수 인재를 채용하기 위해 산학장학생을 선발하여 석사 또는 박사 과정의 학비와 생활비를 지원하고 있다. 산학장학생으로 선발되면 장학 혜택을 받고 연구원으로 입사하여 의무 근로 기간을 설정한다. 이처럼 R&D 산학장학생은 가장 비싸고 오래 걸리는 채용이다 보니 인재를 선발하는 과정이 까다로울 수밖에 없다. 이 R&D 산학장학생을 선발하기 위한 전형을 새로 만드는 과제를 시작했다. 진짜 '일'을 해 보는 것이었다.

어떤 인재를 선발해야 하는가?

기업에서 필요로 하는 R&D 인재는 학교나 기관의 연구원과는 다를 수 있다. 따라서 먼저 그 직무에 걸맞은 인재상을 만드는 것이 필요했다. 내부의 우수 연구원들을 따로 분류하고 그들의 특성을 서베이와 입사 당시 인성검사 결과 등으로 분석하여 총 7가지의 역량을 뽑아냈다.

그 역량은 끈기, 주도성, 실행력 등이었다. 단순히 이론적 연구 역량 뿐만 아니라 일정 내에 결과를 만들어 내는 역량, 관련 부서들과 소통해 나가는 역량 등 다양한 역량이 요구되었다. 역량이 정해졌으니 그것을 측정할 수 있는 방법을 만들면 되었다.

어떻게 평가할 것인가?

전기밥솥으로 밥을 지어 보듯이 실제로 기업의 연구개발 업무를 시켜 보는 것이었다. 다만, 인턴십이나 계약직을 통해 인재들을 평가하기에는 인재들을 모집하는 데 방해 요소가 많았고, 현업에서 임의로 역량을 평가하기에도 무리가 있었다. 결론은 1박 2일간의 합숙 평가 센터(Assessment Center)를 만드는 것이었다. 합숙을 하며, 지원자들에게 팀 과제를 부여하고 그 과정의 행동을 관찰하는 방식이 주를 이루었다.

다른 팀 과제 활동에 비해 특이한 점은 가상의 과제가 아니라 실제 회사에서 진행했던 연구 개발 프로젝트의 일부를 과제로 만들었다. 그러다 보니 정답이 정해져 있는 과제였다. 과거 그 프로젝트를 이끌었던 임원과 구성원들이 직접 평가에 참여하여 그 과정을 다시 복기하면서 참가자의 행동을 보다 정확하게 관찰할 수 있었다. 이 전형의 이름이 '리얼 프로젝트'가 되었던 이유이다. 다만, 지원자들에게 1박 2일간의 합숙은 부담이 될 수 있었다. 결국 지원자들에게 참가해 볼 만한 가치를 줄 수 있는가가 문제였다.

어떤 경험을 줄 것인가?

1박 2일간의 합숙 전형에서 참가자들은 실제 기업의 업무 환경을 체험할 수 있었다. 팀 회의, 실험 데이터 분석, 과제 결과 보고, 해외 고객 미팅 등을 여정 안에 정교하게 설계하여 직접 경험하면서 실제 기업에서의 업무 방식이 본인과 맞는지 느낄 수 있었다. 다른 팀의 보고로 본인의 보고 일정이 밀리는 상황에서 어느 팀은 어쩔 수 없지 하고 그대로 받아들이는 한편, 어느 팀은 다음 보고 때는 다른 팀보다 먼저 보고를 하기 위해 먼저 일정 계획을 수립하는 모습을 보이는 등 실제 기업의 일하는 방식을 적응하는 데 차이가 있었다.

모든 여정을 마치면 합격과 불합격에 상관없이 모든 참가자에게 '평가 리포트(Assessment Report)'를 제공했다. 리포트에는 개인의 행동 관찰 평가 내용, 뛰어난 역량과 보완이 필요한 역량, 역량별 개발 방법이 포함되어 있었다.

"학교에서 전공을 공부하는 동안 겪어 보지 못했던 어려움을 이번 리얼 프로젝트를 통해 경험할 수 있었습니다. 다른 동료들에 비해 저는 그 문제를 해결하는 데 어려움이 있었고, 일정에 따라 치열하게 실행하고 팀원들과 적극적으로 소통해야 하는 것이 중요하다는 것을 알게 되었습니다. 아쉽지만 저는 학교에 남아 연구를 하는 것이 맞다는 생각을 하게 되었습니다."

리얼 프로젝트를 마치고 난 뒤 작성한 한 참가자의 후기이다. 그 참가자는 최고 수준의 공과대 학생이었지만 리얼 프로젝트 전형에서 최종적으로 불합격되었다. 하지만 다행히도 그에게 1박 2일간의 리얼 프로젝트는 더없이 값진 경험이 되었다. 경험 여정에서 겪었던 어려움은 자신을 돌아보는 기회가 되었고, 자신의 커리어를 결정하는 중요한 계기가 되었다.

참가자들은 짧은 경험 여정에서 미리 정해진 순간들을 거치면서 다양한 감정의 갈래로 흩어졌다. 누군가는 성취감을, 누군가는 좌절을 느끼면서 전형의 결과는 달라졌다. 하지만 그들의 감정은 또 하나의 기억이 되어 누군가는 연구원으로 몰입하고, 누군가는 다른 진로를 정하는 결심을 하게 해 주었다. 전형 과정에서 결국 이탈된 지원자라도 긍정적이면서 중요한 경험의 순간, 기억의 순간을 느낄 수 있다면 그 지원자 경험 여정은 기업과 지원자, 그리고 미래의 또 다른 지원자 모두에게 값진 투자가 될 것이다.

STEP 26

기업과 지원자가 함께 준비하는 면접

지원자 경험 여정에서 면접은 매우 큰 비중을 차지한다. 면접은 보통 지원자가 입사하게 될 경우 함께 일하게 될 리더와 동료를 처음 만나는 자리인 동시에 그 기업의 총체적 상징과도 같은 경영진 임원과 대화를 나눌 수 있는 자리이기도 하다. 지원자는 면접을 통해 구성원의 전문성과 조직 문화 수준을 가늠할 수 있고, 결국 이 회사에 입사할 것인지를 결정하게 된다. 실제로 잡코리아의 2024년 조사에서 Z세대 구직자의 73%는 면접위원의 태도를 통해 조직 문화를 예측한다고 응답했다.

기업의 입장에서도 면접은 인재를 제대로 평가할 수 있는 가장 중요한 절차로 운영되고 있다. 최근 AI 전형이 확대되고 있지만, 아직 대부분의 기업에서 면접은 채용의 필수 코스인 동시에 가장 많은 사고가 발생하는 부분이다. 면접위원의 행동과 언어에 채용 전형 전체의 공정성이 훼손되고, 지원자가 모욕을 느끼기도 한다.

기업은 이제 면접을 우리와 함께 할 수 있는 사람인지 서로 알아보는 경기장인 동시에 우리가 어떻게 일하고 소통하며 성장하는지 보여 주는 무대로 새롭게 바라보아야 한다. 이를 위해 면접 설계와 면접위원 운영, 그리고 피드백 제공까지의 전 과정이 공정성, 효율성, 존중감의 관점에서 검토되어야 한다.

준비 없는 면접은 없다

면접은 지원자가 회사를 경험하고 판단하는 가장 결정적인 순간이다. 면접을 안내하고 운영하는 절차가 어설프면 지원자는 회사의 체계를 의심하게 되고, 면접위원의 질문 내용이 모호하면 지원자는 그 회사의 전문성을 의심하게 되며, 면접 분위기가 침체되면 지원자는 그 회사의 조직 문화를 의심하게 된다. 따라서 면접은 면접위원에게 맡겨진 즉흥적인 공간이 아니라 잘 짜인 시나리오의 연극무대 같아야 한다.

먼저 채용 담당자와 면접위원은 채용 직무와 지원자의 정보를 공유하고, 평가해야 할 역량에 대해 공감대를 형성한다. 직무 역량에 대한 질문 리스트를 작성하고, 각자의 역할을 정한다. 면접장에 와서야 지원서를 훑어보며 내키는 대로 질문을 하는 모습은 지원자에게 '무례한 대우'로 전달된다.

면접을 시작하면서 채용 담당자는 면접위원을 지원자에게 소개하고, 면접위원은 지원서에 작성된 지원자의 정보를 바탕으로 "일본어 성적이 높던데, 저희는 일본 고객이 많아서 참 다행입니다." 등의 대화로 가볍게 인사를 나눈다. 그뿐만 아니라 채용하려는 직무의 배경과 내용에 대해 지원자가 알아야 할 내용을 설명해 주는 것도 중요하다.

이후 직무 역량을 끌어낼 수 있는 질문들을 이어 가는데, 가상의 상황을 제시하며 압박하는 방식은 전혀 도움이 되지 않는다. 면접의 마지막에는 전체적인 소감을 묻거나 전형 과정, 직무 등에 대해 궁금한 사항은 없는지를 확인한다. 면접의 주인공인 지원자에게 후회가 남지 않도록 최대한 발언의 기회를 주는 것이 필요하다.

1시간의 면접을 위해 지원자는 수없이 많은 날을 준비한다. 면접 과정을 구조화하여 설계하는 것보다 중요한 것은 면접위원과 채용 담당자가 그 면접을 위해 얼마나 많은 시간과 노력을 들여 준비하는가이다. 면접위원과 채용 담당자가 그 직무는 어떤 역할과 성과를 위해 어떠한 역량을 필요로 하는지, 그와 관련하여 지원자가 어떤 경험을 가지고 있는지 충분히 이해하고 있다면 지원자도 분명히 진정성을 느낄 수 있을 것이다.

면접위원도 교육이 필요하다

최근 채용절차법이 시행되고, 면접 과정에서 빚어진 사고가 사회적 이슈로 번지면서 면접위원에 대한 사전 교육이 중요해지고 있다. 과거의 면접위원 교육 목적이 우수한 인재를 정확하게 가려내기 위한 것이었다면, 이제는 관련 법률과 윤리를 준수하고 지원자에게 긍정적인 기업 이미지를 제고하기 위한 목적이 커지고 있다.

하지만 본질적으로 우수한 인재 선발의 정확도와 긍정적인 기업 이미지를 제고하는 방법은 다르지 않다. 그 둘을 동시에 올릴 수 있는 방법은 바로 '오로지 직무 역량만 물어보기'이다. 따라서 면접위원 교육의 내용은 지원자의 직무 역량을 측정할 수 있는 질문이 무엇인지로 채워진다.

차별로 인식될 수 있는 질문을 하지 않는다

채용절차법에서 정한 신체, 출신 지역, 혼인 여부, 재산, 가족의 학력과 직업에 대한 질문은 절대 금한다. 이외에도 차별로 인식될 수 있는 성별, 종교, 육아 계획, 정치 성향 등에 대한 질문도 하지 않는다.

직무 역량을 판단하는 데 쓸모없는 질문을 하지 않는다

모범적인 답변이 예상되는 가상 상황이나 유도적인 질문은 하지 않는다. 예를 들어, "고객의 요청으로 추석 연휴에 반드시 해외 출장을 가야 하는 상황이라면 어떻게 하겠어요?"와 같이 지원자가 뻔한 대답을 하게 되는 질문이다. 이때 긍정적인 답변을 했다고 해서 실제로 그런 상황이 되었을 때 답변대로 행동한다는 보장도 없다. "우리 회사는 납기가 매우 중요한데요. 납기 의식이 철저한 편인가요?"와 같은 정답을 유도하는 질문도 마찬가지다.

지원자를 가르치지 않는다

면접위원이 지원자의 답변을 듣고 부족한 점을 지적하거나, 보완해야 할 부분을 코칭하는 경우가 있다. 의외로 면접위원들이 쉽게 저지르는 실수인데, 지원자를 가르치려 하면 안 된다. 면접의 본질은 지원자를 평가하는 것이지, 지원자를 육성하는 것이 아니다. 지원자가 조언을 요청하더라도 최대한 짧고 간결하게 의견을 전달하고, 자칫 '면접위원의 우월의식'으로 비치지 않도록 주의해야 한다.

　지원자가 면접위원에게 원하는 것은 무엇일까? 친절하고 따뜻하게 대해 주는 것일까? 아니다. 지원자는 공정하게 본인이 준비한 경험과 역량을 평가받고 싶고, 면접위원이 그에 집중해 주길 원한다. 면접위원의 역할은 간단하다. 지원자의 역량에 집중하면 된다.

STEP 27
지원자가 평가하는 채용

최근 많은 기업이 모든 전형 과정이 종료된 후 지원자들을 대상으로 만족도 서베이를 하고 있다. 식당 방문이나 제품의 사용 후기와 만족도 별점을 남기는 것처럼 생소한 개념은 아니지만, 한편으로는 이에 대한 우려도 있다. 채용 전형이라는 것은 '평가'가 본질이다 보니 피평가자 입장에서는 불편할 수밖에 없다. 특히 불합격자는 부정적인 감정이 앞설 수 있는데 그냥 묻고 지나갈 수 있는 기억을 굳이 끄집어낼 필요가 있냐는 것이다.

긁어 부스럼 만드는 격이라는 우려도 있으나, 그럼에도 불구하고 지원자 만족도 조사는 매우 중요하고 필수적이다. 지원자가 자칫 부정적인 경험의 기억을 가지고 있을 때, 외부의 다양한 소통 채널을 통해 확산되기보다는 내부 채널에서 관리하는 것이 더 안정적이기 때문이다.

다양한 채용 플랫폼과 커뮤니티가 넘쳐나는 상황에서 채용 전형에서의 부정적인 경험 후기가 외부에 퍼질 기회는 얼마든지 있다. 하지만 단순히 부정적인 경험이 외부로 새어 나가는 것을 막기 위해 지원자 만족도 조사가 필요한 것은 아니다. 본질적인 목적은 지원자 경험의 직접적인 감정 데이터 수집이다. 그 데이터는 내부의 채용 담당자나 현업 구성원이 아닌 외부의 지원자에게서 수집되는 것이기에 더욱 가치가 있다.

다양한 전형 절차의 만족도, 긍정적인 경험과 함께 부정적인 경험의 순간을 파악하여 지원자 경험 여정을 개선하기 위해 지원자 만족도 조사가 필요하다. 뿐만 아니라 가장 효과적인 면접위원 피드백이 될 수 있다. 지원자가 면접 과정의 어느 부분에서 긍정적이었고, 어느 부분에서 부정적이었는지 그 감정을 고스란히 피드백하면 가장 빠르고 정확하게 면접위원의 개선을 가져올 수 있다.

결국 지원자 만족도 조사는 단순한 사후 설문이 아니라 지원자 경험 여정 전반의 품질을 실질적으로 높일 수 있는 도구이다. 채용 전형이 끝나고 지원자 만족도 조사가 실행되는 시점에서 비로소 지원자 경험 여정의 개선이 시작된다.

STEP 28

온보딩,
채용 여정의 마지막이자 시작

우리는 누군가를 처음 만났을 때 느꼈던 첫인상을 쉽게 잊지 못한다. 첫인상이 좋았든, 아니면 다소 어색했든 간에 이후의 모든 행동과 말을 그 첫인상 위에서 해석하게 된다. 이를 심리학에서는 '각인 효과(Primacy Effect)'라고 부른다. 즉 처음의 경험이 가장 강하게 기억되고, 그 기억이 이후의 평가와 해석에 지속적으로 영향을 준다는 개념이다.

경험 여정에서 가장 중요한 것도 '첫인상'이다. 처음 경험은 강하게 기억되고 이후의 여정은 그 기억을 토대로 해석된다. 처음일수록 그 기억은 단순히 정보뿐만 아니라 당시의 감정까지 생생하게 남는다. 무엇보다도 한 번 형성된 인식은 쉽게 바뀌지 않기 때문에 채용 전형 이후 온보딩, 특히 첫 출근날은 가장 중요한 경험의 순간이 된다. 입사자 개인의 앞으로의 여정뿐만 아니라 주변 지인들에게도 그 경험의 순간이 전달되기 때문이다.

그래서 많은 기업이 첫 출근의 순간을 중요하게 생각하고 다양한 온보딩 프로그램을 경쟁하듯이 앞다투어 운영하고 있다. 구성원들도 첫 입사의 순간을 가장 강렬한 기억의 순간으로 이야기한다.

합격 소식을 영상 통화로 전하다

지원자의 입장에서 입사 지원서를 작성하는 순간부터 최종 면접전형에 이르기까지의 여정은 매우 높은 긴장감과 초조함의 연속이다. 이러한 여정의 마지막에 이르러 목적을 이루는 순간인 '합격 안내'는 큰 성취감과 안도감으로 강렬한 기억을 남기게 된다.

기업의 입장에서는 인재 유지의 노력이 시작되는 시점이 된다. 합격했다고 해서 모든 지원자가 입사하는 것은 아니기 때문이다. 이때부터 채용을 완성하는 힘의 중심이 완전히 기업에서 지원자로 넘어가게 된다. 따라서 많은 기업이 합격자와 그 가족에게 다양한 선물 공세를 벌이기도 하고, 오리엔테이션과 멘토링으로 빠르게 결속을 다지기도 하고, 부서장이 합격을 축하하며 팀워크를 형성하기도 한다.

합격을 안내하는 방법은 일반적으로 홈페이지에서 전형 결과를 확인하도록 문자 메시지를 보내거나, 직접 본인에게 전화로 연락하여 합격을 축하한다. 기업에 따라서는 이 결정적인 순간에 긍정적인 감정을 최대한 끌어올리기 위해 다양한 시도를 하기도 한다. 예를 들어, 합격자에게 기업의 브랜드 굿즈를 패키지로 보내거나, 합격자가 SNS에 인증샷을 올리도록 유도하여 소속감을 느끼게 한다. 한 디자인 기업은 합격 안내 메일을 게임 퀘스트 클리어 형식으로 구성해 입사 준비 과정을 단계별 미션처럼 소개하여 젊은 지원자층에게 큰 호응을 얻기도 했다.

입사 전에 합격자에게 CEO나 임원진의 이메일을 통해 회사의 핵심 가치와 기대하는 역할을 안내하여 강한 기대감을 심어 주는 사례도 있다. LG이노텍은 합격자에게 CEO와 구성원이 함께 합격을 축하하는 영상을 화상통화 형태로 전달하여 합격의 기쁨을 생생하게 끌어올리기도 했다.

첫 출근날 가족의 응원을 받다

합격 발표 이후 첫 출근날은 입사자에게 마냥 기대감이 넘치는 반가운 순간만은 아니다. 오히려 기대감보다 긴장과 걱정이 앞서는 순간이다. 이는 입사자 본인뿐만 아니라 집에서 첫 출근을 배웅하는 가족들도 마찬가지다. 판교의 한 IT 기업에서는 입사 첫날 아침에 차량과 기사를 보내 편안하고 감동적인 첫 출근길을 선사하기도 했다.

LG이노텍에서는 입사자가 첫 출근을 하면 입사자의 가족인 부모님이나 배우자에게 입사자가 첫 출근을 잘했고, 조직에서 잘 지내고 성장할 수 있도록 지원하겠다는 다짐의 인사를 케이크 쿠폰과 함께 전달한다. 그리고 입사자의 회사 메일 주소를 함께 적어 입사 첫날 응원의 메시지를 남겨 주기를 안내한다. 입사자는 입사 첫날 오전 오리엔테이션을 거쳐 오후에 노트북을 지급받는데, 처음 회사 메일 계정으로 접속하는 순간 가장 먼저 가족으로부터의 응원 메일을 확인하게 된다.

"첫 출근을 했네. 날씨도 화창한 오늘은 너와 아빠에게 큰 의미가 있는 날이 되겠구나. 계획을 세워서 차근차근 잘해 왔던 너니까 사회생활

LG이노텍 체크인 메시지 사례

안녕하십니까,
LG이노텍 OOOO사업부장 OOO 부사장입니다.

오늘 아침, 소중한 자녀가 LG이노텍으로 첫 출근을 하였습니다.
OOO님을 뛰어난 역량과 훌륭한 성품을 가진 인재로 키워주신
부모님께 깊은 존경과 감사의 인사를 전합니다.

자녀의 첫 출근을 바라보며 대견하고 기쁜 마음과 함께
한편으로는 우려와 걱정의 마음도 있으리라 생각됩니다.
소중한 자녀가 세계 최고의 소재·부품 기업인 LG이노텍에서
좋은 동료들과 함께 일하며 최고의 전문가로 성장할 수 있도록
아낌없이 지원하겠습니다.

부모님께 감사의 마음을 담아 작은 선물을 보내드립니다.
가정에 항상 평안과 행복이 가득하시길 기원합니다.

감사합니다.

■ 자녀분께 첫 출근 응원 메일을 보내주세요!
  아래 메일주소를 클릭하시면,
  귀하의 자녀분께 직접 메일을 발송할 수 있습니다.

OOO님 - OOOOOO@lginnotek.com

도 잘하리라 생각한다."

"오랜만에 아침 일찍 일어나느라 힘들었지? 잘 일어나서 회사에 도착했다니 안심이 된다. 너는 혼자서 잘할 수 있다고 생각하겠지만 엄마 아빠에게는 물가에 내놓은 아이 같아서…."

이는 많은 입사자에게 절대 잊을 수 없는 순간이며, 지원자 경험 여정뿐만 아니라 인생 여정에서도 손꼽히는 기억의 순간이 된다.

입사 첫날은 기대감과 불안감, 반가움과 두려움이 공존하며 감정의 흥분치가 극도로 높고 불안정한 상태이다. '감정 기억 강화' 이론에 따르면 이러한 상태에서의 경험은 다른 어느 때보다 강하게 기억된다. 입사 첫날에 어떤 경험 여정을 만드는지가 중요한 이유이다.

리저브드 데스크 프로그램

입사자의 경험 여정에서 빠질 수 없는 것이 웰컴 키트이다. 입사자가 처음 출근해 책상 위에 있는 웰컴 키트 케이스를 열어 아기자기한 머그컵, 노트와 필기구 등 다양한 굿즈를 손에 쥘 때의 경험 또한 매우 중요한 기억의 순간이다.

많은 기업이 저마다 멋진 웰컴 키트를 만들면서 웬만해서는 차별화가

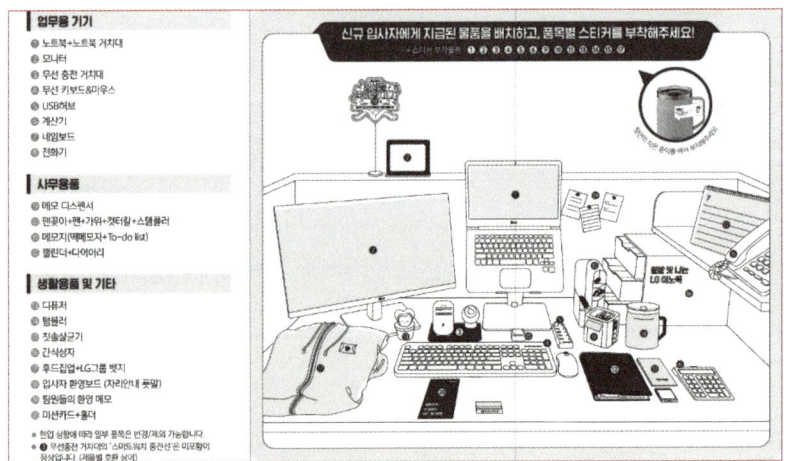

LG이노텍 리저브트 데스크 사례

어려운 상황에서 LG이노텍은 다른 방식을 검토했다. 입사자를 위한 물품들을 상자에 담아 두는 것이 아니라 아예 책상을 셋업해 두는 것이다. 이는 '리저브드 데스크(Reserved Desk)'라고 이름 붙인 프로그램으로 귀중한 손님을 위한 예약석을 의미한다. 기존의 웰컴 키트와 가장 큰 차이는 팀의 구성원들이 함께 입사자를 위해 미리 책상을 셋업한다는 점이다.

입사 전날 큰 박스와 설명서가 팀에 전달되면 팀원들은 박스를 해체하고 설명서를 참고하여 책상을 셋업한다. 이 과정에서 팀원들은 자연스럽게 새로 합류하는 입사자에 대해 이야기를 나누는 경험을 하게 되고, 입사자도 마찬가지로 입사 첫날에 잘 꾸며진 책상을 보며 팀원들에게 고마운 감정을 경험하게 된다. 경험의 기억은 서로 공유되고 연결될수록 더 강화된다. 그 공유와 연결의 대상이 소중한 동료일 경우, 온보딩의 효과는 더없이 클 수밖에 없다.

Day 1 프로그램

"그냥 자리에 멍하게 앉아서 바쁘게 움직이는 선배들만 쳐다보면서 하루가 지났어요."

입사 첫날, 최악의 경험은 '아무것도 하지 않는 것'이다. 직원 경험의 여정을 넘어 인생에서 가장 강렬한 기억을 남길 수 있는 기회의 순간을 이렇게 날려 버리는 회사들도 있다. 당장의 바쁜 업무로 인해 입사자에게 제대로 인사도 건네지 못한 채 입사자를 방치하면 입사자에게 부정적인 기억을 강하게 남기게 된다.

따라서 많은 기업은 저마다의 입사 첫날 프로그램을 구조화하여 체계

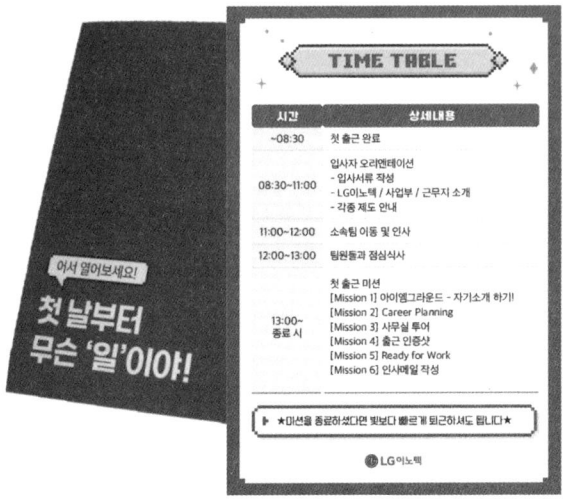

적으로 운영한다. 사옥을 투어하거나, 부서장과 면담을 가지고, 멘토와 함께 인사를 나누는 등 다양한 프로그램을 운영하며 입사 첫날의 기억을 알차게 채우려고 노력한다.

LG이노텍의 Day 1 프로그램은 6개의 미션으로 구성되어 있다. 오전 오리엔테이션을 마치면 바로 6개의 미션을 마주하는데, 대부분의 미션은 주로 부서장과 멘토 그리고 팀원들과의 공동 활동을 통해 완수할 수 있는 것이다. 마지막 미션을 마치면 퇴근시간 이전이라도 바로 퇴근하는 것이 특징인데, 근무시간보다 스마트하게 몰입하여 일하는 조직 문화를 기억에 심어 주기 위해서이다.

지원자 경험 여정 설계는 단순히 법률과 사회적 통념을 지키고 전형을 효율화하여 지원자의 편의성을 올리는 과정이 아니다. 이는 기업이 인재를 대하는 철학과 가치관을 실질적인 접점 속에서 구현하는 일이며, 지원자의 마음속에 '이 조직과 함께 성장하고 싶다.'는 확신을 심어 주는 과정이다. 채용 여정에서 지원자의 모든 경험의 순간은 의도적으로 설계되어야 하고, 그 설계는 공정성·효율성·존중감이라는 세 축 위에서 그려져야 한다.

한 사람이 겪은 지원자 경험은 한 번의 채용뿐만 아니라 다음의 수많은 채용의 출발점이 된다. 따라서 오늘 한 번의 채용이 끝이 아니라 내일 더 나은 인재와 다시 만날 수 있는 시작이라는 관점에서 지원자 경험 여정을 꾸준히, 그리고 정교하게 다듬어 가야 한다. 채용은 그렇게 스스로 진화할 수 있으며, 변화하는 세상에서 기업이 생존을 위해 진화할 수 있는 최선의 방법이 될 것이다.

우리가 시작이라고 부르는 것은 종종 끝이다.
끝을 만든다는 것은 새로운 시작을 만든다는 것.
끝은 우리가 출발하는 곳이다.
What we call the beginning is often the end.
And to make an end is to make a beginning.
The end is where we start from.

- T. S. 엘리엇(Eliot), 「리틀 기딩(Little Gidding)」

EPILOGUE

지원자 경험에서 직원 경험으로,
커리어 여정으로의 확장

　지원자 경험 여정은 직원 경험 여정의 중요한 일부이다. 지원자 경험 여정에서의 긍정적인 기억은 직원 경험 여정 속에서 강한 동기로 이어지고 조직과 함께 성장하는 경험을 만들어 간다. 인생이라는 이름의 거대한 경험 여정 속에서 뚜렷한 기억으로 남아 수많은 경험의 순간들과 함께 뒤섞여 행복을 만들어 낸다.

　지원자 경험 여정을 직원 경험 여정과 분리하여 설계할 수는 없다. 지원자 경험 여정은 직원 경험 여정 속에서 그 흐름을 함께 해야만 의미가 있다. 지원자에게 취업의 순간은 강렬한 기억을 남기는 경험이지만 훨씬 더 거대한 직원 경험 여정의 첫걸음일 뿐이다.

채용의 본질은 쇼가 아닌 투자다

'드라이버 샷은 쇼, 퍼팅은 돈'이라는 말이 있을 정도로 골프에서 타수를 줄이는 가장 효율적이고 효과적인 방법은 화려한 드라이버 샷보다 실속 있는 퍼팅을 잘하는 것이다.

골프는 매 홀마다 가장 적은 타수를 통해 홀인을 하는 게임이다. 파4 홀의 경우, 일반적으로 드라이버 샷과 세컨드 샷, 그리고 퍼팅 2번 총 4번의 타수로 또는 그 이하의 타수로 홀인을 만드는 것이 목표이다. 18홀의 경기 중 가장 많은 횟수의 퍼팅도 중요하고, 퍼팅을 최대한 줄일 수 있도록 정확하게 그린 위의 핀 주변에 올리는 세컨드 샷도 중요하다.

특히 드라이버 샷이 중요한데 그 이유는 그 홀의 첫 시작이기 때문이다. 그렇다면 드라이버 샷은 무조건 멀리 치면 되는 것일까? 아니면 페어웨이 중앙으로 가기만 하면 되는 것일까? 무조건 멀리 반듯하게 날리는 샷이 최고의 샷이 될 수는 없다. 가장 좋은 드라이버 샷은 그다음 세컨드 샷을 하기 가장 좋은 위치에 떨어지는 샷이다.

만약 플레이어에게 100미터를 정확하게 칠 수 있는 실력과 장비(아이언)가 있고 그런 환경(지면, 바람, 온도 등)이 주어졌다고 가정하자. 그렇다면 최고의 드라이버 샷은 그린 위의 핀으로부터 정확하게 100미터가 남은 위치의 선호하는 경사면에 떨어지는 샷이다. 더 멋지게 날아가서 50미터를 남기는 샷보다 100미터를 남기는 짧은 샷이 더 필요하다.

드라이버 샷은 그 자체만으로도 멋지고 화려한 샷이지만, 앞으로 이어지는 여러 샷과 함께 그 홀의 타수를 구성하는 한 부분에 불과하기도 하다. 결국 드라이버 샷 하나만으로는 의미가 없으며, 여러 샷과 이어지면서 함께 그 홀의 성과를 만들어 낸다. 그렇기 때문에 드라이버 샷의 숙명은 최고의 세컨드 샷을 위한 자리를 찾아가는 것이다.

채용은 여러 HR 활동의 첫 시작이라는 점에서 드라이버 샷에 비유할 수 있다. 드라이버 샷에서 가장 멀리 보내는 반듯한 샷이 최고가 아니듯이, 채용도 무조건 뛰어난 인재를 빨리 영입하는 것이 최고가 아니다. 그다음에 이어지는 평가와 보상, 진급, 조직 문화, 육성 등 다양한 HR 활동과 어떻게 이어지게 할 것인지를 생각해야 한다. 우리의 조직과 HR 제도를 통해 성과를 창출할 수 있는 인재를 적기에 영입하는 것이야말로 세컨드 샷을 날리기 가장 적합한 위치에 떨어지는 드라이버 샷에 비유할 만한 최고의 채용이라고 할 수 있다.

채용은 결국 무조건 뛰어난 인재의 영입이 아니라 우리의 조직과 HR 제도를 만나 최고의 시너지를 낼 수 있는 인재를 정확한 자리에 위치시키는 것이 목적이 되어야 한다. 조직과 HR 제도에 대한 이해 없이 그저 업계에서 유명하거나 또는 이름 높은 대학에서 학위를 받은 인재라면 무조건 영입하기 위해 달려드는 채용은 마치 그 홀의 코스도 모르고 세컨드 샷을 만들어 낼 아이언도 잊은 채 그저 장타만 날리려는 드라이버 샷과 같다. 결국 그 홀을 망쳐 놓고는 '드라이버 샷 잘 쳐 놓고 이게 뭐야!'라고 불평하지만 대부분 멀리 가기만 한 드라이버 샷부터가 잘못된 경우가 많다.

채용은 중요하다. 다른 HR 활동들과 이어지는 시작이기에 그렇다.

그래서 다른 HR 활동들과 잘 이어지는 채용이 좋은 채용이다. 드라이버 샷 역시 중요하다. 그저 멀리만 보내려는 드라이버 샷은 그 자체로는 놀라울지 몰라도 그 홀의 성과와는 무관할 수 있다. 그런 드라이버 샷은 때로는 멀리 날아가 오비 말뚝을 넘기고, 결국 그 홀의 성과를 최악으로 망가뜨려 버리기도 한다. 그야말로 티 박스에서만 멋진 '쇼'에 불과하다.

드라이버 샷이 망쳐 놓은 홀을 세컨드 샷과 퍼팅으로 바로잡기도 하지만 그것은 굉장히 힘들고 어려운 일이다. 그냥 멋지기만 한 채용도 마찬가지다. 특히 잘못된 채용은 그것을 바로잡기 위해 조직과 제도의 희생과 비용을 필요로 하고, 많은 노력에도 불구하고 결국 실패하는 경우도 많다.

경험은 더 큰 경험으로 이어진다

채용 담당자는 단순히 채용 전형을 설계하고 운영하는 역할에 그치지 않는다. 전체 직원의 경험 여정을 함께 그려 내고, 그 첫 시작을 여는 지원자 경험 여정을 동행하는 설계자이다. 이 과정을 통해 채용은 기업과 구성원에게 가치를 전달하는 HR의 한 부분이자 전부로 완성된다.

지원자에게도 채용 전형은 단순한 취업의 절차가 아니라 그들의 인생 경험 여정의 중요한 분기점이다. 어느 기업과 함께 어떤 경험을 나누며, 어떻게 성장할 것인가를 결정하는 출발점이다. 하나의 연속된 성장의 여정에서 취업과 이직을 생각할 때 그 경험은 결과와 상관없이 값지게 기억되고 성장을 만들어 갈 것이다.

    취업과 이직에서 성공과 실패의 구분은 의미가 없다. 경험이 남을 뿐이다.

참고 문헌

도서

- 경험의 함정 (사이, Robin M. Hogarth, 2021)
- 구글의 아침은 자유가 시작된다(알에이치코리아, 라즐로 복, 2021)
- 마켓4.0(더퀘스트, Philip Kotler, 2017)
- 바른 마음 : 나의 옳음과 그들의 옳음은 왜 다른가(웅진지식하우스, Jonathan White, 2014)
- 49가지 결정 : 한국 경제를 바꾼 역사적 선택(최성락, 페이퍼로드, 2020)
- 인구 고령화와 노동시장 변화 및 노동정책과제(한국노동연구원, 방하남, 2005)
- 인사이드아웃(21세기북스, 강성춘, 2020)
- 직원 경험(이담북스, Jacob Morgan, 2020)
- 직원 경험설계(플랜비디자인, 엠마 브리저/벨린다 간나웨이, 2024)
- 채용 트렌드 2025(경향미디어, 윤영돈, 2024)
- 평가센터(중앙경제평론사, 이홍민, 2004)
- Build, Buy, Borrow(HBR, Capron/Laurence, 2012)
- Competency at Work(교보문고, Lyle M. Spencer Jr., Signe M. Spencer, 2002)
- The Power of STAR Method(Martha Gage, 2022)
- Who: The a Method for Hiring(Smart, Geoff / Street, Randy / Lawlor, Patrick, 2008)

리포트

- 공정채용과 청렴윤리경영(국민권익위원회, 2024)
- 공채의 종말과 노동시장의 변화(한국노동연구원, 이상준/노세리/오진욱/지성/노성철, 2023)
- 국내 외국인 유학생 채용 지원제도 현황 및 시사점(한국무역협회 무역정책지원실, 2025)
- 미국의 AI채용절차 입법례(국회도서관, 최창수, 2023)
- 인재 유지, 이직 관리로부터 시작하라(LG경영연구원, 2003)
- 입사 의지 꺾는 요소 1위는? 과도한 채용 과정(월간인사관리, 2024)
- 직원 경험 설계자로서의 HR 역할 전환(KIRD, 장영균, 2022)
- 직원 경험 어디까지 왔는가?(월간인사관리, 2022)
- 채용 경쟁력의 출발점, 긍정적인 후보자 경험 설계(그리팅)
- 채용 업무의 성과를 증명하는 핵심 KPI 4가지(에이치닷, 2025)
- 2024 Candidate Experience Report(Criteria)
- HR Marketing Tactics To Attract Top Talent(AIHR, Shani Jay)
- Skills or Degree? The Rise of Skill-Based Hiring for AI and Green Jobs(Cornell Univ. 2023)
- The Results Pyramid : Building a Foundation for Culture Change(Culture Partners)
- Top metrics to measure candidate experience(LinkedIn)
- Why Google has ditched brain-teasers and 16-step interviews from its hiring process(The Journal, 2018)
- Why is candidate experience important to your recruiting process?(Jobylon, Tove Hernlund, 2024)

뉴스

- 공채의 종말…중소→중견→대기업 '계단형 이직 시대'(한국경제, 2024. 8. 13.)
- 메타버스 혁명, 일하는 방식이 바뀐다(한국경제TV, 2021. 6. 28.)
- 삼성도 공들인다…'면접 갑질' 논란에 인기 폭발한 자격증(한국경제, 2025. 1. 20.)
- 선도기업의 채용 결정요소 1위 '직무관련 일경험'(고용노동부, 2024. 3. 24.)
- 스펙 시대의 종언…기업 86% "그래서 뭘 할 줄 아는데?"(이코노믹리뷰, 2025. 9. 11.)
- 업무몰입도 16배 상승의 비결 '경험과 몰입'(한국경제, 2024. 4. 23.)
- "AI 네가 뭔데…" 취업 당락 가르는 AI면접, 진짜 '공정'할까?(한국일보, 2023. 5. 4.)
- 'AI 투자' 늘린 MS, 올해 2차 대규모 인력 감원…9천명 해고(연합뉴스, 2025. 7. 3.)
- LG이노텍, 광학인재확보 '옵텍콘' 첫 개최…글로벌 채용 속도(해럴드경제, 2023. 10. 5.)
- LG이노텍, 신입사원 '소프트 랜딩' 돕는다…온보딩 프로세스 확대(핀포인트뉴스, 2022. 6. 8.)
- LG이노텍 '체크인 메시지'…회사가 준비한 입사 축하 이벤트(워크투데이, 2022. 6. 8.)
- 올해 정규직 대졸 신입사원 뽑은 기업, 10곳 중 6곳(인크루트, 2024. 12. 30.)
- 원하는 지원자가 우리 회사에 입사하지 않는 이유 [긱스](한국경제, 2024. 3. 11.)
- 2025년 상반기 대기업 신규채용 계획 조사(한국경제인협회, 2025. 2. 27.)
- "인재를 정말 중요시하네요" LG이노텍 '글로벌 인턴십' 호평 쏟아져(NBN뉴스, 2024. 8. 20.)
- 인재확보 전쟁, 출발점은 후보자 채용경험 향상(중앙일보, 2024. 4. 18.)
- 일 잘할 좋은 사람 뽑을 때 인간 판단은 엉망…AI한테 맡겨라(한겨레, 2022. 4. 4.)
- "취업 뒤 결혼하면 육아는?"…질문 받은 뒤 면접 떨어진 여성(중앙일보, 2021. 12. 21.)
- 평생직장 옛말, MZ마음 잡아라…대기업 新소통 활발(MTN 뉴스, 2022. 10. 20.)